LOW BUDGET
LUXUS WEEKEND

LOW BUDGET		REGULÄR	
SA			
9-Uhr-Tagesticket HVV	6,40€	10 Einzelfahrten HVV	33,00€
Buddelschiff bei Buddel-Bini ..	4,50€	Buddelschiff am Hafen	10,00€
Lunch Henssler & Henssler	25,00€	3-Gänge-Lunch Fischereihafen	35,00€
Hamburgmuseum/Eintritt	8,00€	Maritimes Museum/Führung...	13,00€
Spa im Hotel	🐷	Tageskarte Meridian Spa	36,00€
Wraps im Thang Long	5,90€	Curry im Manee Thai	18,00€
Happy Hour-Cocktail Kyti Voo .	5,50€	Cocktail in Bar an der Alster ...	9,00€
Staatsoper Stehplatz	8,00€	Staatsoper Parkett	53,00€
Superior-EZ im 5-Sterne-Hotel		Superior-EZ im 5-Sterne-Hotel	
Steigenberger Wochenende ..	134,25€	Steigenberger in der Woche....	155,00€
SO			
9-Uhr-Tagesticket HVV	6,40€	6 Einzelfahrten HVV............	19,80€
Brunch L'Orient	11,90€	Frühstück Hotel Steigenberger .	29,00€
Open-Air-Kunst mit		Skulpturen-Ausstellung	
Audioguide	🐷	Ernst-Barlach-Haus	7,00€
Glas Prosecco Alsterperle	4,50€	Glas Weißwein im Ristorante .	6,00€
Lunch im Restaurant		4-Gänge-Lunch	
Fillet of Soul	13,50€	im Restaurant Jacobs	96,00€
Nikolaikirchturm und		Aussichtsturm Michel und Eintritt	
Ausstellung	5,00€	Ausstellung	7,00€
Abendessen im		Abendessen Bullerei-	
Bullerei-Deli	10,00€	Restaurant.......................	30,00€
GESAMT..................	**248,85€**	**GESAMT**	**556,80€**

> GESPART ...307,95€

48 h ♛

> Zwei Tage Luxus genießen und trotzdem nicht zu viel bezahlen: Wir haben Tipps für ein Verwöhn-Wochenende aus Angeboten in diesem Band zusammengestellt und mit üblichen Preisen verglichen

SA Nach dem Einchecken im Hotel **Steigenberger** *(S. 113)* fahren Sie mit dem 9-Uhr-Ticket zum Eppendorfer Baum – dort können Sie hübsche Jugendstilhäuser bewundern und nach Herzenslust shoppen. Halten Sie zum Beispiel Ausschau nach Designer-Schnäppchen im Secondhand-Laden **D'or** *(S. 80)*. Sie hätten gern ein maritimes Souvenir? Auf zu **Buddel-Bini** *(S. 75)*, hier gibt es die besten Buddelschiffe. Mit Bahn und Bus geht's anschließend in die HafenCity, wo Sie sich im angesagten **Henssler & Henssler** *(S. 66)* stärken. Tauchen Sie in die Geschichte der Stadt ein: Das **Museum für Hamburgische Geschichte** *(S. 27)* ist wirklich sehenswert – eine Führung durch die Ausstellung gibt's am Wochenende gratis dazu. Am späten Nachmittag ist Wellness angesagt: In Ihrem 5-Sterne-Hotel wartet der Spa mit Sauna und Dampfbad. Abends essen Sie vietnamesisch im **Thang Long** *(S. 64)* und schlürfen einen Cocktail im **Kyti Voo** *(S. 85)*, bevor Sie eine **Oper** *(S. 34)* besuchen – und mit der letzten Arie im Ohr ins weiche 5-Sterne-Bett sinken.

SO 9-Uhr-Tagesticket kaufen, und ab geht's zum Brunch ins **L'Orient** *(S. 60)*. Danach ist Zeit für einen Spaziergang: Ausgestattet mit dem **Audioguide** der Kulturbehörde *(S. 28)* erkunden Sie die Freiluftskulpturen rund um die **Alster** *(S. 14)*. Kleine Pause? An der **Alsterperle** *(S. 40)* heißt es sehen und gesehen werden, am besten mit einem Glas Prosecco. Dann gibt's auch schon einen gediegenen 3-Gänge-Lunch im Restaurant **Fillet of Soul** an den Deichtorhallen *(S. 66)*. Vom Turm der **Nikolaikirche** *(S. 40)* in der Altstadt blicken Sie später über die Dächer der Stadt. Zum Abendessen bringt Sie die Bahn dann ins Schanzenviertel: Im **Bullerei-Deli** *(S. 66)* von TV-Koch Tim Mälzer tafeln Sie gut in rustikalem Ambiente.

LOW BUDGET
WEEKEND

LOW BUDGET		REGULÄR	
SA			
9-Uhr-Tagesticket HVV	6,40 €	6 Einzelfahrten HVV	19,80 €
Zollmuseum	2,00 €	Maritimes Museum	13,00 €
Brot und Schmalz in der Oberhafenkantine	5,50 €	Currywurst mit Pommes im Restaurant	11,50 €
Elbphilharmonie Plaza	🐷	Elbphilharmonie Plaza	🐷
Fährfahrt Hafen	🐷	Hafenrundfahrt	14,00 €
Aussichtsterrasse Dockland	🐷	Aussichtsturm Michel	5,00 €
Alsterwasser Strandperle	2,50 €	Alsterwasser im Restaurant	3,50 €
Dim Sums essen im Man Wah	6,60 €	Chinesisch im Restaurant	12,00 €
Schmidt-Mitternachtsshow	12,10 €	Quatsch Comedy Club	28,00 €
Bett Superbude	19,00 €	EZ im 3-Sterne-Hotel	75,00 €
SO			
Tagesticket HVV	7,70 €	4 Einzelfahrten HVV	13,20 €
Frühstück Fischmarkt	5,00 €	Frühstück im Café	9,00 €
Orgelmusik im Michel	🐷	Abendkonzert im Michel	8,00 €
Crêpe bei La Famille	4,50 €	Lunch im Restaurant	10,00 €
Klettern am Schanzenbunker	🐷	Eintritt Kletterzentrum	12,00 €
Milchkaffee an der Schanzenpiazza	2,00 €	Milchkaffee im Café an der Alster	3,50 €
Flammkuchen Hatari Stube	8,70 €	Pizza im Restaurant	12,00 €
Wasserlichtkonzert Planten un Blomen	🐷	Freiluftkonzert auf der Stadtparkbühne	24,90 €
GESAMT	**82,00 €**	**GESAMT**	**274,40 €**

> **GESPART**   192,40 €

48 h

> Ein Wochenende Spaß haben und dabei jede Menge sparen: Wir haben zwei tolle Tage mit Angeboten aus diesem Band für Sie geplant – und normal teure Alternativen gegenübergestellt

SA Mit einem 9-Uhr-Tagesticket für Bus, Bahn und Fähre *(S. 10)* geht's in die **Speicherstadt** *(S. 15)* mit ihren alten Lagerhäusern. Dort sind Sie Schmugglern auf der Spur im **Deutschen Zollmuseum** *(S. 26)*. Knurrt der Magen? Kosten Sie das leckere Hamburger Rundstück in der **Oberhafenkantine** *(S. 62)*! Zu Fuß schlendern Sie dann in die Hafen-City: Ihre futuristischen Gebäude sieht man vom **Plaza der Elbphilharmonie** *(S. 14)* aus der Vogelperspektive. Weil eine Hafenrundfahrt in Hamburg nicht fehlen darf, entern Sie am Anleger Sandtorhöft mit dem Tagesticket eine **HADAG-Fähre** und schippern bis zum **Dockland** *(S. 38)*. Der Ausblick vom Bürohaus über den Hafen ist herrlich! Mit der Fähre geht es anschließend zum Museumshafen **Övelgönne** *(S. 15)* und von dort auf ein Alsterwasser zum Kult-Kiosk **Strandperle** *(S. 42)*. Abends nichts wie hin auf die **Reeperbahn** *(S. 15)*! Naschen Sie zwei kleine Dim Sums im **Man Wah** *(S. 61)* und tauchen dann ins Nachtleben ein. Wer fit genug ist, besucht die **Schmidt-Mitternachtsshow** *(S. 34)* und fällt danach in sein Bett im Hostel **Superbude** *(S. 108)*.

SO Heute ist zeitig aufstehen angesagt, denn es ist Fischmarkt *(S. 74)*; ein maritimes Frühstück gibt's dort gut und günstig. Zu Fuß geht es weiter bis zur **Michaeliskirche** *(S. 15)*, hier genießen Sie bei der Mittagsandacht die **Orgelmusik** *(S. 30)* und fahren dann mit S- oder U-Bahn ins angesagte Schanzenviertel. Nach einem Crêpe bei **La Famille** *(S. 53)* werden Sie aktiv: Klettern am **Schanzenbunker** *(S. 43)* ist sonntags kostenfrei! Das Treiben an der **Schanzenpiazza** *(S. 41)* lässt sich nachmittags am besten bei einem portugiesischen Milchkaffee beobachten. In der **Hatari Pfälzer Stube** *(S. 59)* essen Sie deftig zu Abend, dann lassen Sie den Tag bei einem Wasserlichtkonzert im Park **Planten un Blomen** *(S. 31)* mit Musik ausklingen.

IMPRESSUM

SCHREIBEN SIE UNS!

> *Liebe Leserin, lieber Leser,*

wir setzen alles daran, Ihnen möglichst aktuelle Informationen mit auf die Reise zu geben. Dennoch schleichen sich manchmal Fehler ein – trotz gründlicher Recherche unserer Autoren/innen. Sie haben sicherlich Verständnis, dass der Verlag dafür keine Haftung übernehmen kann.

Wir freuen uns aber, wenn Sie uns schreiben.

Senden Sie Ihre Post an die
MARCO POLO Redaktion
MAIRDUMONT, Postfach 31 51
73751 Ostfildern
info@marcopolo.de

IMPRESSUM

Fotos: E. Anders (1); K. Heß (39, 76, 105, 109, 116, 125); S. Krieger (51, 67); D. Renckhoff (8, 23, 32, 44, 47, 62, 73, 79, 84, 93, 96, 101, 113, 162); Secondella (81); M. Sörensen (21); S. Tokarsi (56); T. Zwicker (26)

5. aktualisierte Auflage 2019
© MAIRDUMONT GmbH & Co. KG, Ostfildern
Gesamtredaktionelle Betreuung: derschönstesatz (Ronit Jariv), Köln
Lektorat und Satz: Ronit Jariv
Autoren: Dirk Wilberg, Katrin Wienefeld
Kartografie Cityatlas: © MAIRDUMONT, Ostfildern
Gestaltung Cover: Michael Schipke, MAIRDUMONT; Innengestaltung: Katharina Kracker
Das Werk einschließlich aller seiner Teile ist urheberrechtlich geschützt. Jede urheberrechtsrelevante Verwertung ist ohne Zustimmung des Verlages unzulässig und strafbar. Das gilt insbesondere für Vervielfältigungen, Übersetzungen, Nachahmungen, Mikroverfilmungen und die Einspeicherung und Verarbeitung in elektronischen Systemen.
Printed in Italy.

MIX
Paper from responsible sources
FSC® C015829

Bild: Alsterarkaden mit exquisitem Blick aufs Rathaus

länger und kostet kaum unter 25 Euro, zur Hauptverkehrszeit auch mehr.

GÜNSTIG PER BUS [152 C3]

Von mehr als 100 Zielen innerhalb Deutschlands fahren Fernbusse nach Hamburg, allein von Berlin bis zu 14 Busse täglich, und das für einen Preis um die 10 Euro. Lebendiger und peppiger, wenn auch etwas zugiger als in einem klimatisierten Flughafen, geht es am Hamburger ZOB seit der Liberalisierung des Fernbusmarkts zu. Snacks und Zeitungen gibt es im modernen Kiosk, der Wartebereich ist sauber, und das Beste für Busreisende: Der ZOB (das Kürzel steht für Zentraler Omnibusbahnhof) liegt gleich um die Ecke des Hauptbahnhofs und ist mit allen S- und U-Bahnen gut zu erreichen. Preisbeispiele gefällig? Von Berlin nach Hamburg geht es mit Flixbus ab 5 Euro *(www.flixbus.de)*. *Fahrpläne und Infos beim ZOB: Adenauerallee 78 | Tel. 24 75 76 | www.zob-hamburg.de*

UND PER AUTO

Über die Autobahnen A1, A7, A23 und A24 ist Hamburg aus allen Himmelsrichtungen problemlos per Auto erreichbar. Für Kurzbesucher oder Gäste mit Unterkunft in der Innenstadt ohne eigenen Stellplatz allerdings gilt: Parkraum in der City ist rar und teuer, das preiswerte Parkhaus ein Wunschtraum und die Polizei freigebig mit Knöllchen. Alternative: Das Auto auf einem der Park&Ride-Plätze etwas außerhalb abstellen und per Bahn ins Zentrum fahren – in Hamburg gibt es rund 40 dieser Anlagen mit rund 9200 Stellplätzen. Ein Teil davon ist kostenlos, für manche Parkplätze müssen allerdings 2 Euro pro Tag bezahlt werden. *Infos rund um die Uhr: Tel. 194 49 | www.hvv.de*

IN HAMBURG UNTERWEGS

EINFACH PER HVV

In dieser Stadt gut herumkommen ist kinderleicht: Zwischen Hafen und Alster geht alles bestens zu Fuß, zudem bietet der Hamburger Verkehrsverbund (HVV) ein dichtes Netz von Bussen, U-Bahnen und S-Bahn-Linien, dazu die meisten Hafenfähren (siehe unten, „Wohin zuerst?"). Mit einem Ticket können Sie problemlos zwischen den verschiedenen Verkehrsmitteln hin- und herwechseln.

Bild: Von der Plaza der Elbphilharmonie hat man einen tollen Ausblick

Allerdings zählt der HVV nicht gerade zu den günstigen Anbietern der Republik, das billigste Kurzstreckenticket kostet 1,60 Euro, eine normale Fahrt von ca. 20 Minuten mit Umsteigen schon 3,30 Euro! Es gibt aber Möglichkeiten zum Sparen: Ab zwei Personen lohnt oft schon eine 9-Uhr-Gruppentageskarte (ab 12 Euro) oder für eine Person eine 9-Uhr-Tageskarte (ab 6,40 Euro), beide sind nur außerhalb der Rushhour gültig *(Mo–Fr 0–6 und 9–6 Uhr, Sa, So und Feiertags ganztägig)*. Tipp: In den U-, S-, und A-Bahnen des HVV ist die Fahrradmitnahme von 9 bis 16 und ab 18 Uhr kostenfrei, am Wochenende und auf den Hafenfähren kostet der Drahtesel ebenfalls nichts extra. *Tel. für Fahrzeiten etc. 1 94 49 | www.hvv.de*

HAMBURG CARD

Wenn Sie sich gerne viel ansehen und viel herumfahren, dann ist die Hamburg Card auf jeden Fall ein guter Tipp. Zur freien Fahrt mit Bussen und Bahnen kommen Rabatte für mehr als 150 Sehenswürdigkeiten und Attraktionen hinzu, es gibt Vergünstigungen bei Rundfahrten, in Theatern, Restaurants und Geschäf-

ten. Achtung: Nicht bei allen Einrichtungen steht das auch draußen an der Tür, Nachfragen lohnt immer! Pro Tag und Person kostet die Hamburg Card 10,50 Euro, eine ==Gruppenkarte für bis zu fünf Personen macht 18,50 Euro.== Es gibt auch noch eine Plus-Region-Variante für 21,50 Euro (Gruppenkarte 35,50 Euro) pro Tag. Damit können Sie dann so hübsche Dinge wie das Fledermauszentrum Bad Segeberg besuchen und/oder bis nach Lüneburg fahren. Die Karten gibt es auch für zwei, drei, vier oder fünf Tage. *Zu kaufen an allen HVV-Verkaufsstellen oder online unter www.hamburg-tourism.de | Tel. 30 05 17 01*

STADTRAD HAMBURG

Eine tolle Idee: Über die ganze Innenstadt verteilt finden Sie die markanten Stationen von Stadtrad Hamburg. Das Ganze ist eine Kooperation zwischen der Umweltbehörde und der Deutschen Bahn, die ihr aus anderen Städten bekanntes Fahrradleihsystem passend auf die Hansestadt zugeschnitten hat. Wenn Sie schon ein Call-a-Bike-Kunde aus einer anderen deutschen Stadt sind, können Sie auch in Hamburg sofort mitra-

deln. Neukunden müssen sich über die Station oder vorher im Internet mit ihrer EC- oder Kreditkarte anmelden. Für alle gilt: Die erste halbe Stunde ist umsonst; von der 31. Minute an zahlen Sie 8 Cent pro Minute, für 12 Euro haben Sie das Rad den ganzen Tag (Vergünstigungen für Bahncard und HVV-Monatskarten-Inhaber). Die knallroten Räder sind ein Hit: An sonnigen Wochenenden radelt die halbe Stadt um die Alster. Kein Wunder, bei so einem Klasseangebot. *Informationen: Tel. 82 21 88 1 00 | stadtrad.hamburg.de*

WOHIN ZUERST?

Ganz klar: Wer zum ersten Mal in seinem Leben in die Hansestadt kommt, gehört zunächst mal direkt an den Hafen. Oder besser noch gleich richtig aufs Wasser drauf! Einen supertollen ersten Eindruck verschafft die Fahrt mit einer Hafenfähre der HADAG und einen günstigen dazu, denn da gilt auch Ihr HVV-Ticket! Sie fahren mit der U 3 vom Hauptbahnhof bis zur Haltestelle Landungsbrücken und genießen schon mal den Wahnsinnsblick vom Viadukt auf den Hafen. Über die Fußgängerbrücke geht es direkt zu den Landungsbrücken. Sie gehen nach links zur Brücke 3 – die Brücken sind nummeriert –, nehmen die Fährlinie 62 Richtung Finkenwerder *(tgl. alle 15 Min.)* und fahren zwei Stationen bis zur Anlegestelle Dockland. Dort steigen Sie Hamburgs spektakulärstem Bürogebäude, dem Dockland, aufs Dach *(im Winter evtl. witterungsbedingt geschlossen)* und haben einen tollen Rundumblick hoch über der Elbe, das Gesicht im Wind. Zurück geht es wieder mit der Fähre. Mit dem 9-Uhr-Tagesticket des HVV kostet Sie das Ganze schlappe 6,40 Euro. Und Sie haben schon mal eine gute Prise Hamburg erschnuppert. *Infos HADAG: Tel. 3 11 70 70 | www.hadag.de*

Insider Tipp

INTERNETZUGANG

Wer ohne Smartphone mailen oder einfach nur die Wettervorhersage abfragen will, findet natürlich Internetcafés ohne Ende. Einige sind besonders zentral gelegen, z.B. das Internetcafé 3x23 im Schanzenviertel. 1 Std. surfen kostet 2 Euro *(Mo–Fr 11–23, Sa 19.30–23, So 14–23 Uhr | Sternstr. 107–109 | Tel. 43 09 50 60 | www.3x23.de)*. Kostenlos per WLAN kommt man an vielen Hotspots ins

Netz, vom Alex am Jungfernstieg bis zur Sushi Factory Grindelhof *(www. hotspot-locations.de).*

RABATTE & GUTSCHEINE

Zweimal bestellen und nur einmal bezahlen: Wer sich gleich bei Ankunft in der Hansestadt mit einem der vielen überall erhältlichen Gutscheinhefte ausrüstet, kann in zahlreichen Restaurants oder auch im Freizeitbereich eine Menge Geld sparen. Rabattbücher wie der „Schlemmerblock" (85 Gutscheine, 34,90 Euro) oder „Luups Hamburg" („2 für 1"-Gutscheine für Restaurants und Kultureinrichtungen, 22,90 Euro) können eine lohnende Investition sein.

HAMBURG REISEN

Dieser dicke bunte Katalog des Hamburg Tourismus ist ein reichhaltiger Fundus für Schnäppchenjäger. Viele Hotels lassen sich über Hamburg Reisen günstig buchen; hinzu kommen Pauschalangebote, die auch den Besuch eines Musicals oder eine Schifffahrt beinhalten. Preisbeispiel: Hotelübernachtung inkl. Musicalbesuch und verschiedener Extras wie Hamburg Card, Rabatt in Restaurants, Schlemmerrabatt etc. ab 119 Euro pro Person. Sie können den Katalog telefonisch bestellen oder online ansehen *(Tel. 30 05 17 01 | www. hamburg-tourism.de).* Die Buchung kann auch in jedem TUI-Reisebüro erfolgen.

INFORMATIONEN

HAMBURG TOURISMUS
Für alle Informationen: 30 05 17 01 | www.hamburg-tourism.de

TOURIST INFORMATION IM HAUPTBAHNHOF
Mo–Sa 9–19, So 10–18 Uhr | Hauptausgang Kirchenallee | U- und S-Bahn Hauptbahnhof

TOURIST INFORMATION AM HAFEN
So–Mi 9–18, Do–Sa 9–19 Uhr | St. Pauli Landungsbrücken | zwischen Brücke 4 und 5 | U- und S-Bahn Landungsbrücken

TOURIST INFORMATION AIRPORT OFFICE
Tgl. 6.30–23 Uhr | Airport Plaza zwischen Terminal 1 und 2, S1 Airport

TELEFONIEREN
Hamburg hat die Vorwahl 040.

*Stand: 04/2018 | Hamburg Tourismus GmbH | Wexstr. 7 | 20355 Hamburg

MEHR HAMBURG
ERLEBEN & SPAREN!

Freie Fahrt		Überall freie Fahrt mit Bus, Bahn & Hafenfähren
Viele Rabatte		Bis zu 50% Rabatt bei über 150 touristischen Angeboten
Jetzt kaufen		Online, Tourist-Info, Hotel oder Fahrkartenautomaten

040-300 51 400
hamburg-card.de

TOP 10

> Das sollten Sie nicht verpassen, auch wenn der Eintritt nicht immer den Geldbeutel schont. Viele von Hamburgs Top-Sehenswürdigkeiten sind allerdings komplett kostenlos.

⭐ 1 ALSTER [131 D–E 1–2]

Was für ein prachtvoller Ausblick, dieser See inmitten der Stadt! Die Alster ist genau genommen ein Fluss – die Hamburger meinen aber meist die beiden Stadtseen Außen- und Binnenalster. Und gehen hier zu allen Tageszeiten spazieren, segeln, joggen oder einfach schöne Hausfassaden bewundern.

⭐ 2 BLANKENESE [144 A2]

In diesem charmanten Vorort erwarten Sie grandiose Elbblicke – wenn genug Puste vorhanden ist: Zahlreiche Treppen verbinden die romantisch verwinkelten Gassen über einen Höhenunterschied von immerhin 75 m. Lohn der Kraxelei ist der Biergarten auf dem Gipfel des Süllbergs. *Blankenese*

⭐ 3 ELBPHILHARMONIE UND HAFENCITY [149 E5]

Die Elbphilharmonie ist Hamburgs neues Wahrzeichen. Wer keine Karten ergat-tert, kann zumindest von der öffentlichen Aussichtsplattform „Plaza" aus in 37 m Höhe einen Rundumblick auf Stadt, Hafen und die HafenCity mit ihren spektakulären Neubauten genießen. *HafenCity*

⭐ 4 KUNSTHALLE [131 E2]

Alte Meister und Klassische Moderne – in der renovierten Kunsthalle locken Werke von Meister Bertram, Kandinsky und Picasso sowie hochkarätige Sonderaustellungen. Zwischendurch dürfen Sie gern eine (Kunst)pause im zugehörigen Café einlegen! *Eintritt 14/8 Euro, Di–So 10–18, Do 10-21 Uhr | Glockengießerwall | Altstadt*

⭐ 5 LANDUNGSBRÜCKEN [148 B4]

Auf der mehr als 100 Jahre alten Pontonanlage herrscht geschäftiges Treiben: Fast im Minutentakt legen Hafenfähren an und ab, dazwischen der Katamaran nach Helgoland, am Kai tummeln sich

Fahrradausflügler und Hafenrundfahrtgäste. Hier befindet sich auch der nördliche Eingang zum alten Elbtunnel. Entweder mitten ins Getümmel stürzen oder ein paar Treppenstufen höher gemütlich von oben zuschauen. *St. Pauli*

⭐ MICHAELISKIRCHE [130 B3]

Von den Hamburgern liebevoll „Michel" genannt, gehört der prachtvolle Barockbau zu den wichtigsten Wahrzeichen der Stadt. Ein Besuch empfiehlt sich auch in der Krypta, der Aufstieg zum Kirchturm wird mit einer Top-Aussicht belohnt. Ein Erlebnis sind die Chor- und Orgelkonzerte mit toller Akustik, auch schon mal romantisch bei Kerzenschein. *Nov.–April 10–17.30, Mai–Okt. 9–19.30 Uhr | Englische Planke 1 | Neustadt*

⭐ ÖVELGÖNNE [146 B4]

Eine Häuserzeile als Hamburger Wochenendvergnügen? Jawohl, die pittoresken Kapitäns- und Lotsenhäuschen am Elbufer plus liebevoll restaurierte „Pötte" im Museumshafen gehören zu den Sahnehäubchen der Stadt. *Övelgönne | Othmarschen*

⭐ RATHAUS [131 D3]

Gold und Prunk, wohin das Auge blickt: Der Regierungssitz von Senat und Bürgerschaft repräsentiert den Stolz der nordischen Metropole. Unbedingt sehenswert: der Hygieia-Brunnen im Innenhof und der Große Festsaal. *Führungen 5 Euro, halbstündlich | Mo–Fr 11–16, So 10–16 Uhr | Rathausmarkt | Altstadt*

⭐ REEPERBAHN [148 A4]

Die Rotlichtmeile gehört in jeder Hinsicht zu den beliebtesten Amüsiervierteln. Neben den Damen des Gewerbes finden Sie hier nachts die besten Bars, Clubs und Livebühnen der Stadt für ausgelassenes Feiervergnügen. Tagsüber ist wenig vom Glamour zu sehen. *Reeperbahn | St. Pauli*

⭐ SPEICHERSTADT [131 C5–D5]

Früher Teil des Freihafens, heute begehrtes Viertel mit Hafenflair für Loft-Liebhaber: Die imposanten Backsteinbauten der alten Handelsspeicher werden noch immer von Teppich- und Gewürzhändlern genutzt. Am besten zu Fuß erkunden! *HafenCity*

> Günstig ins Museum oder gratis eine Gänsehaut beim Wasserlichtspiel im Park? Hier steht, was wo geht

Kultur in Hamburg ist bunt, vielfältig – und zum Glück oftmals gar nicht so teuer, wie man in Anbetracht des allgemeinen Preisgefüges befürchten könnte. Für eine Handvoll Euro oder bisweilen auch vollkommen kostenlos können Besucher in der Hansestadt tolle Musik hören, großes Theater genießen oder modernste Kunstobjekte bewundern. Sie können das kostenlose Dom-Feuerwerk bestaunen, rauschende Feste wie die Altonale feiern und in Planten un Blomen mit dem Partner beim Wasserlichtkonzert dahinschmelzen. Als veritable Großstadt bietet Hamburg zum Glück jede Menge Events und Aktionen, die den Besuch der Kulturtempel und den Genuss großer Kunst auch für kleines Geld möglich machen, sei es bei der Langen Nacht der Museen oder beim berühmten Hamburger Filmfestival. In Foren und Stiftungen lässt sich ebenfalls kostengünstig Kultur schnuppern. Nochmal: Für viele dieser Ereignisse zahlen Sie wenig oder gar nichts, Sie müssen nur auf den folgenden Seiten nachlesen, wann und wo die günstige Musik spielt! Einen aktuellen Überblick gibt es zudem auch im Internet, etwa unter *www.kultur-hamburg.de, www. abendblatt.de, www.mopo.de.*

KULTUR & EVENTS

FESTIVALS & EVENTS

ALTONALE

Stadtteilfeste gibt es viele in Hamburg, doch keines ist so „kunstvoll" wie dieses: Ganz Altona singt, tanzt und musiziert zwei Wochen lang beim größten Kulturfestival Hamburgs. Von Mitte Juni bis Anfang Juli werden diverse spannende Orte in Altona bespielt, ==Balkone zu Konzertbühnen== und Innenhöfe zu Freilichttheatern umfunktioniert, dazu gibt es Lesungen, Stadtteilführungen und Filme. Vom Enkel bis zur Oma sind alle dabei, 🐷 der Eintritt ist oft frei. Höhepunkt des Ganzen ist das Straßenfest am letzten Wochenende der Altonale. *Tel. 39 80 69 70 | www.alto nale.de | Bus und S-Bahn Altona | Ottensen*

Insider Tipp

DOM (ST. PAULI)   [148 B3]

Ein Hamburger geht mindestens einmal im Jahr über den Dom. So nennt sich der Jahrmarkt auf dem Heiligengeistfeld, der im Frühling, Sommer und Spätherbst stattfindet. Riesenrad, Karussells, Achterbahn, Schmalzkuchen und Zuckerwatte lieben Kleine und Große. Wenn Sie Glück haben, spielt nebenan im Millerntorstadion der FC St. Pauli, und die Fangesänge mischen sich mit dem Domtrubel. Mittwochs ist Familientag, viele Fahrbetriebe sind dann bis zu 50 Prozent billiger. 🐷 Freitags um 22.30 Uhr steigt das kostenlose Feuerwerk. *März, Aug., Nov. tgl. ab 15 Uhr | Heiligengeistfeld | www.ham burg-dom-aktuell.de | U3 Feldstraße oder St. Pauli | St. Pauli*

ELBFEST [148 C5]

Das kostenlose Elbfest ist die kleine, coole Schwester des zum Volksfest mutierten Hafengeburtstags. Maritimer Höhepunkt des fröhlichen Festes ist die Traditionsschiffparade, bei der man sogar **an Bord mitschippern kann** (Erwachsene 35 Euro, Kinder bis 14 Jahre 17,50 Euro). Aber auch an Land kommt an den zwei Festtagen keine Langeweile auf: An den zwei Elbfest-Spots Sandtorhafen und Hafenmuseum gibt es ein buntes Programm mit Foodtrucks, Livemusik, Performances, Führungen und Ausschläfer-Fischmarkt. *www.elbfest. hamburg* | *U3 Baumwall, S3, 31 Veddel* | *HafenCity*

Insider Tipp

ELBJAZZ [148 B1]

Leinen los für das Elbjazz-Festival in Hamburg! Hafen, HafenCity und der Fischmarkt werden an zwei Tagen im Mai zur Bühne, der Hauptspielort liegt drüben auf der anderen Elbseite, auf dem Werftgelände von Blohm & Voss, wo Größen wie Helge Schneider und tolle Newcomer spielen. Ganz billig sind die Tickets nicht, dafür ist das gut gelaunte Publikum erfinderisch: Junge und Alte pilgern tagsüber mit Thermoskanne und Ves-

perbrot von Gig zu Gig, abends gönnt man sich ein Bierchen. Wer ein Early-Bird-Ticket ergattert (der Vorverkauf beginnt im Spätsommer), bekommt für 55 Euro das Tagesticket. An einigen Spielorten ist der Eintritt sogar frei. Kinder bis einschl. zwölf Jahre begleiten ihre Eltern gratis. *Eintritt frei oder ab 55 Euro | diverse Orte im Hafengebiet | Tel. 4 13 22 60 | www.elbjazz.de*

FILMFEST HAMBURG

Es ist eines der großen Filmhappenings in Deutschland. Jedes Jahr Ende September/Anfang Oktober darf man sich freuen auf Filme aus allen Regionen der Welt, spannende Drehbücher und dazu Diskussionen und andere Veranstaltungen rund ums Thema. Berühmt ist auch das jeweils **parallel stattfindende Kinderfilmfestival „Michel".** Das Festivalzelt mit der schicken Studio Hamburg Lounge befindet sich direkt neben dem Abaton-Kino. Wer sparen will, kauft sich online eine 10er- oder 15er-Karte (70 bzw. 100 Euro). *Karten ab 9,50, erm. 7 Euro | Kinos: Abaton, CinemaxXDammtor, Metropolis u. a. | www.filmfesthamburg.de | diverse Stadtteile im Zentrum*

Insider Tipp

INTERNATIONALES SOMMERFESTIVAL [141 F2]

Dieses Fest für performative Kunst ist eines der schönsten Kulturfestivals der Stadt, denn das Gelände der alten Kampnagelfabrik in Barmbek konnte trotz vieler Renovierungen seinen leicht maroden Charme erhalten. Meistens im August treffen sich hier tanz- und experimentierfreudige Künstler aus Berlin, London, Buenos Aires oder New York. Das Festival dauert in der Regel zweieinhalb Wochen. *Festivalkarte ca. 35 Euro (jede Vorstellung zum halben Preis) | Jarrestr. 20 | Tel. 27 09 49 49 | www.kampnagel.de | Bus 172, 173 Jarrestraße | Winterhude*

JAPANISCHES KIRSCHBLÜTENFEST

Mit einem prachtvollen Feuerwerk über der Außenalster, „Hanabi" genannt, meldet sich Hamburgs japanische Gemeinde alle Jahre wieder an einem Wochenende im Mai prächtig und lautstark zu Wort. Rund ums Ufer herrscht Volksfeststimmung, VIPs genießen das Ganze vom teuren Restaurantisch im Hotel Intercontinental oder im Royal Meridien. Die preiswertere und bestimmt nicht weniger stimmungsvolle Alternative: Sie mieten ein Boot *(z. B. bei Bootsverleih Goldfisch | Kanu ab 9 Euro/ Std. | Isekai 1 | Tel. 41 35 75 75 | www.goldfisch.de)* und begutachten das Ganze gemütlich schaukelnd vom Wasser aus. Noch billiger: Lassen Sie sich einfach auf einer der Alsterwiesen nieder, etwa am Schwanenwik, am besten mit Decke und Picknickkorb, und erfreuen sich am bunten Feuerwerk. Informationen über die Deutsch-Japanische Gesellschaft *(www.djg-hamburg.de)*.

JAZZ OPEN HAMBURG 🐷 [148 B2] Insider Tipp

Bis zu 10 000 Zuschauer kommen jedes Jahr nach Planten un Blomen zum kostenlosen Musikvergnügen in der City-Grünanlage. Immer Ende Juni findet das Jazz Open statt, es gibt mindestens fünf große Konzerte an zwei Tagen. *Eintritt frei | Infos im Jazzbüro Hamburg, Tel. 43 25 28 70, www.jazzbuero-hamburg.de | Konzertbühne Planten un Blomen, Eingang Rentzelstr. gegenüber dem Fernsehturm | Bus 35 Hamburg Messe | Neustadt*

LANGE NACHT DER MUSEEN

Es ist keine Hamburger Spezialität, denn auch andere Städte organisieren

die Lange Nacht der Museen. Doch die Hanseaten sind überzeugt: Nirgendwo ist das Event so großartig wie in Hamburg. Fast alle Hamburger Häuser (über 40!) nehmen teil. 🐷 Die kostenlosen Shuttlebusse sausen hin und her, und wie auf einer Riesenparty amüsieren sich die Kunstfreunde bei Kulinarischem, Musik und Tanz. Für nur 17 Euro kommt man in alle Häuser rein und kann zudem den HVV nutzen. *April/ Mai | 17/12 Euro für alle Museen | Museumsdienst-Infoline: Tel. 4 28 13 10 | www.langenachtdermuseen-hamburg.de*

MS-DOCKVILLE-FESTIVAL [152 C3]
In Wilhelmsburg trifft sich Mitte August alles, was hip und trendy ist: Das Festival ist ein einziges riesiges Happening für Pop- und Kunstfreunde. Frühbucher erhalten Rabatt, 🐷 einige Kunsthappenings sind aber auch ganz kostenlos. *Schlengendeich 12 | www.msdockville.de | S 3, 31 Veddel | Wilhelmsburg*

REEPERBAHN-FESTIVAL [148 A4–B4]
Jedes Jahr Ende September zieht es die internationale Musikszene nach Hamburg, dann wird die Reeperbahn für vier Tage zum größten Club(festival) Europas. In über 90 Spielstätten musizieren Newcomer und etablierte Künstler um die Wette, Tagestickets gibt es ab 35 Euro, Tickets für das komplette Festival ab 99 Euro. Wer sparen will, findet aber auch unzählige 🐷 kostenlose Off-Konzerte rund um Spielbudenplatz und Reeperbahn. *www.reeperbahnfestival.com | U2 St. Pauli, S1, 2, 3 Reeperbahn | St. Pauli*

KINO

3001 KINO [148 A2]
Das 3001 gehört in die Kategorie Lieblingskino: Es hat nur einen Saal, aber nur tolle Filme im Programm, ein kuscheliges Foyer, und im Sommer stehen Caféstühle in dem Innenhof im Schanzenviertel. Kult sind die Vorführungen spätabends am Wochenende, wenn Low-Budget-Filme oder schräge Machwerke gezeigt werden. Geringverdiener zahlen nur 5,50 Euro pro Vorstellung, alle anderen 8 Euro. Nach dem Film schmeckt ein Bio-Wein im Restaurant Schanzenstern. *Schanzenstr. 75 (im Hof) | Tel. 43 76 79 | www.3001-kino.de | S 11, 21, 31, U 3 Sternschanze | Schanzenviertel*

Schönes Ambiente: das Abaton-Kino neben der Uni

ABATON [140 C5]

Das Kinosterben gehört leider auch in Hamburg zum Alltag, doch das Abaton zählt zum Glück nicht dazu. Erstklassige Filme gibt es hier, oft im OmU, dazu eine nette kleine Bar und Zuschauer, die noch mit ihrer Haribotüte statt mit Popcornbechern herumknistern. Wer etwas länger in der Stadt weilt, für den lohnt sich die Anschaffung der Cinecard: 6,40 Euro für eine Vorstellung (statt 7,50–8 Euro), mittwochs beim Kinotag kostet das Ticket nur 6,50 Euro für alle Vorstellungen. *Allendeplatz 3 | Tel. 41 32 03 20 | www.abaton.de | Bus 4, 5 Grindelhof | Rotherbaum*

FREILUFTKINOS

Hamburgs Sommernächte sind viel lauschiger als ihr Ruf und Freiluftkinos entsprechend in. Von den Filmnächten am Millerntor über Zeise Kinos Open Air bis zu Vorführungen auf dem Rathausmarkt gibt es eine große Palette an Locations und Ter-

minen mit **Filmen von Schnulze** bis Kassenschlager. Die Eintrittspreise reichen von 🐷 kostenlos bis etwa 8 Euro. *Aktuelle Infos z. B. unter www.hamburg.de*

ZEISE-KINOS [147 D3]

Die drei (recht kleinen) Kinosäle in den Räumen einer ehemaligen Fabrik bieten dem Programmkinofreund viele Sparmöglichkeiten: Montags kostet das Ticket statt 8 Euro nur 6,50 Euro, Dienstag ist Sneakpreview für 5 Euro inklusive einer Tüte Popcorn. *Friedensallee 7–9 | Tel. 3 90 87 70 | www.zeise.de | Bus und S-Bahn Altona | Ottensen*

LESUNG, LITERATUR, FOREN ■

CAFÉ LEONAR [140 C5]

Vor dem Holocaust war das Grindelviertel das lebendige Zentrum der Hamburger Juden, mit dem Café Leonar ist das jüdische Leben endlich wieder an den Grindel zurückgekehrt. Im Kaffeehaus gibt es Frühstücksleckereien, z. B. hausgemachten Obstsalat mit griechischem Joghurt für 5,90 Euro, Köstlichkeiten wie Mezze und Falafel und vor allem 🐷 eine grandiose Zeitschriften- und Bücherauswahl zum kostenlosen Schmökern. Im zugehörigen Jüdischen Salon finden abends spannende Lesungen und Talks statt. *Mo– Do 8–24, Fr 8–1, Sa 9–1, So 9–22 Uhr | Grindelhof 59 | Tel. 27 88 10 12 | www.cafeleonar.de | Bus 4, 5 Grindelhof | Rotherbaum | Jüdischer Salon am Grindel: Karten 10, erm. 5 Euro | Tel. 0176 21 99 82 72 | salon amgrindel.de*

DREI-ZIMMER-WOHNUNG/ TRESENLESEN 🐷 [148 A3]

Die coole Szenebar Drei-Zimmer-Wohnung Gatzenberg lädt jeden dritten Mittwochabend im Monat zum Tresenlesen. Da gibt es im kuscheligen Ambiente einer Retrowohnung aus den 1970er-Jahren gute Literatur von bekannten und auch weniger bekannten Autoren zu hören. In den Pausen holt man sich ein Bier oder einen Kaffee, und wer mitmachen möchte, kann seine selbst geschriebenen Texte eine Woche vorher einreichen. Alle anderen machen es sich auf den Sofas bequem und lauschen den kreativen Ergüssen. *Eintritt frei | jeden 3. Mi im Monat, 21 Uhr | Talstr. 22 | Tel. 0160 90 36 15 19 | www.drei- zimmer-wohnung.de | S 1–3 Reeperbahn | St. Pauli*

Bild: Lichte Hallen – die Zeise-Kinos in altem Gemäuer

KÖRBERFORUM [148 C5]

Würde es die Körberstiftung nicht geben, man müsste sie für Hamburg erfinden. Großartig, was diese private Stiftung alles auf die Beine stellt und finanziert: Es gibt Buchpräsentationen, Diskussionen über internationale Politik und Gesellschaft oder Gesprächsrunden zu aktuellen Themen. Bei den Veranstaltungen treffen Reedersgattin auf Jungmigrant, Banker auf Hausbesetzer. Wer sich dafür interessiert, wie die Hanseaten so ticken, der ist hier goldrichtig. Am besten über die Website anmelden, da die Veranstaltungen oft sehr früh ausgebucht sind. *Eintritt frei | Körberforum | Kehrwieder 12 | Tel. 8 08 19 20 | www.koerber-stiftung.de | U3 Baumwall | HafenCity*

MATHILDE LITERATUR & CAFÉ [140 B4]

Mit den regelmäßig stattfindenden Lesungen, Poetry-Slams und Konzerten fühlt man sich hier ein bisschen ans New Yorker Greenwich Village erinnert. Der Eintritt ist moderat (um 5 Euro), z. T. auch frei. Auch die Umgebung passt perfekt: Auf Regalen stapeln sich Bücher. Wer es sich tagsüber bei Milchkaffee und Kuchen bequem macht, hat also reichlich Lesestoff in Griffweite. Den können Sie übrigens auch kaufen. Und wer lieber Bier statt Kaffee trinkt: ==Freitags kostet jedes Weizen nur 2,50 Euro!== `Insider Tipp` *Eintritt 0–5 Euro | Mathilde Café: Mo–Fr 11.30–24, Sa 12–24, So 12–20 Uhr u. bei Veranstaltungen | Bogenstr. 5 | Tel. 41 49 53 84 | www.mathilde-hh.de | Bus 5, 15 Bezirksamt Eimsbüttel | Eimsbüttel*

MUSEEN, GALERIEN, KUNST ■

ARCHÄOLOGISCHER WANDERPFAD [152 C4]

Im Freilichtmuseum durch die Jahrtausende spazieren und das zum Nulltarif: Der archäologische Wanderpfad des Helms-Museums in der Fischbeker Heide führt zu elf Bodendenkmälern aus der Eisen-, Bronze- und Steinzeit. Infotafeln geben Auskunft über die urgeschichtlichen Objekte, dazu gibt's auch noch jede Menge Natur und frische Luft. *Eintritt frei | Fischbeker Heideweg 43 | Tel. 4 28 71 36 93 | www.helmsmuseum.com | S3, 31 Neugraben | Neugraben-Fischbek*

BUCERIUS KUNST FORUM [131 D3]

Die Stiftung von „Die Zeit"-Mitbegründer Gerd Bucerius trägt dieses

wunderbare Haus, das schöne Wechselausstellungen zeigt – mal zu einzelnen Künstlern, mal zu einer ganzen Epoche. Die Ausstellungsräume beherbergten einst Kassen- und Schalterhalle einer Bank. Im Gegensatz zu den meisten Museen ist montags geöffnet und dazu noch bei vergünstigtem Eintritt. Ein Grund mehr, den Wochenendausflug um einen Tag zu verlängern. *Eintritt 9 (Mo 6) Euro, unter 18 Jahren frei | Fr–Mi 11–19, Do 11–21 Uhr | Rathausmarkt 2 | Tel. 3 60 99 60 | www.buce riuskunstforum.de | U3 Rathaus | Altstadt*

DEICHTORHALLEN [131 F4]

Die einstigen Großmarkthallen liegen südlich vom Hauptbahnhof, der Weg führt an einigen Galerien und am Hamburger Kunstverein vorbei. Er ist zwar ein wenig ungemütlich, aber es lohnt sich: Die südliche Deichtorhalle ist Hamburgs Top-Adresse für Fotokunst (mit einem gut sortierten Buchladen anbei), in der nördlichen Halle bekommt man aktuelle Kunst der Gegenwart von international bekannten Malern, Bildhauern und Designern zu sehen. Tipp: Dienstags ab 16 Uhr kostet der Eintritt nur 5 Euro. *Eintritt 10, erm. 6*

CLEVER!

> *Beim Eintritt sparen*

In vielen Museen Hamburgs, etwa in der Kunsthalle oder dem Bucerius Kunst Forum, gibt es freien Eintritt für alle unter 18 Jahren – ein tolles Angebot. Viele Häuser bieten darüber hinaus günstigere Familienkarten oder Preisnachlässe zu besonderen Zeiten an. Mit dem Drei-Tages-Kunstmeilenpass hat man z.B. für nur 25 Euro (erm. 19) Zutritt zu den fünf wichtigsten Hamburger Museen Kunsthalle, Museum für Kunst und Gewerbe, Bucerius Kunst Forum, Deichtorhallen und Kunstverein *(www. kunstmeile-hamburg.de)*. Eine tolle Idee hatte der Verein Kulturlotse Hamburg: Um allen Menschen unabhängig vom Einkommen Kulturgenuss zu ermöglichen, betreiben die Mitglieder die Website www.kulturlotse.de. Darauf gelistet sind tägliche Veranstaltungstipps, die keinen oder nur wenig Eintritt kosten.

Moderne Kunst, erstklassige Fotografie: Deichtorhallen

Euro, Familienkarte 14 Euro, unter 18 J. frei | Di–So 11–18, jeden 1. Do im Monat 11–21 Uhr | Deichtorstr. 1–2 | Tel. 32 10 30 | www.deichtorhallen.de | U 1 Steinstraße | Altstadt

DEUTSCHES ZOLLMUSEUM [131 E4]
Ein echter Spartipp und ein Supererlebnis für die ganze Familie: Hier erfahren junge und alte Krimifans, was Schmuggler eigentlich den ganzen Tag so treiben – z. B. Zigarettenschachteln in Holzelefanten verstecken. Das Ganze ist gut und günstig: Mit 2 Euro pro Person sind Sie schon drin. *Eintritt 2 Euro, unter 18 J. frei | Di–So 10–17 Uhr | Alter Wandrahm 16 | Tel. 30 08 76 11 | www.museum.*

> *www.marcopolo.de/hamburg*

zoll.de | *Bus 3, 4 Brandstwiete | HafenCity*

GALERIEN 🐷

Junge und etablierte Künstler, Malerei, Skulpturen und Fotografie: Die Hamburger Galerienlandschaft ist mit ihren mehr als 50 Kunstorten äußerst lebendig. Einen guten Einblick in die Szene bekommen Sie bei den Saisonstarts, die zweimal im Jahr stattfinden – im September eröffnen alle Galerien ihre Ausstellungen gemeinsam, im März viertelweise, etwa nur auf der Fleetinsel oder im Kontorhausviertel. Klar, dass es dann auch viel Programm und die meisten Aktionen gibt. Das Programmheft „Galerien in Hamburg" verschafft einen guten Überblick. Der Eintritt ist frei, wer sich in ein Kunstwerk verliebt, kann das natürlich auch erwerben. *Eintritt frei | Saisonstart März und Sept. | www.galerien-in-hamburg.de*

HARRYS HAMBURGER HAFENBASAR & MUSEUM [148 C5]

Diese absolut sehenswerte Mischung aus Museum, Kuriositätenkabinett und Secondhand-Laden auf einem Schwimmkran im Traditionsschiff-hafen ist eine Hamburger Legende. Seit 1954 existiert Harrys Hafenbasar bereits, und seitdem haben Seeleute, die in Hamburg an Land gingen, Schätze aus aller Welt angeschleppt. Entsprechend findet man unten den geschätzten 360 000 Exponaten – von denen man die meisten auch kaufen kann – so skurrile Dinge wie ausgestopfte Krokodile, afrikanische Masken und echte Schrumpfköpfe. Verrücktere Souvenirs für sich selbst oder die Verwandtschaft zu Hause findet man nirgendwo in der Stadt! *Eintritt 5 Euro (0–5 Jahre frei, 6-12 Jahre 3, Familie 15 Euro) | Sandtorkai 60 | www.hafenbasar.de | U 3 Baumwall, Bus 111 Am Sandtorkai | HafenCity*

MUSEUM FÜR HAMBURGISCHE GESCHICHTE [130 A3]

Kriege, Brände und abrisswütige Bauherren haben von dem alten Hamburger Stadtkern kaum etwas übrig gelassen; also geht man ins Museum für Hamburgische Geschichte, wenn man noch ein wenig davon mitkriegen will. Der wunderschöne Ziegelbau, in den 1920er-Jahren unter Aufsicht von Hamburgs damaligem Oberbaudirektor Fritz

Schumacher entstanden, ist schon von außen sehenswert. Gute Nachricht für Wochenendausflügler: Samstag und Sonntag erhält man von 14 bis 15 Uhr eine kostenlose Führung, auch Familienführungen sind im Programm. *Eintritt 9,50, erm. 6 Euro, unter 18 J. frei | Mo 10–17, Mi–Fr 10–17, Sa, So 10–18 Uhr | Holstenwall 24 | Tel. 4 28 13 21 00 | www.hamburgmuseum.de | Bus 112 Hamburgmuseum | Neustadt*

MUSEUM FÜR KUNST UND GEWERBE (MKG) [131 F3]

Das Programm des 1877 eröffneten MKG ist so bunt und abwechslungsreich wie die Nachbarschaft zwischen Haupt- und Busbahnhof. Die vielseitigen Ausstellungen setzen sich mit unserer Gegenwart auseinander und behandeln zeitgenössische Themen – von Turnschuhen und Tattoos bis hin zu Polaroidfotos und Punkrock. Spartipp: Donnerstags ab 17 Uhr zahlen Sie nur 8 Euro Eintritt. Gut und günstig essen kann man im Museumsrestaurant „Destille". Da gibt's Frikadellen und Matjes für schlappe 2,80 Euro. *Eintritt 12, erm. 8 Euro, Do ab 17 Uhr 8 Euro, unter 18 J. frei | Di–So 10–18, Do 10–21 Uhr (Do vor Feiertagen 10–18 Uhr) | Steintorplatz | www.mkg-ham*

CLEVER!

> **Kunst im öffentlichen Raum**

Angeblich sollen die Hamburger „Pfeffersäcke" ja an Kunst nicht so interessiert sein, trotzdem werden in der Hansestadt jede Menge Werke im öffentlichen Raum präsentiert. Ganz kostenlos und ohne Gedrängel können Sie hier wirklich interessante Objekte begutachten, z.B. „Vier Männer auf Bojen", die wunderbaren Figuren des Bildhauers Stephan Balkenhol auf der Alster, oder „Hans Albers" von Jörg Immendorff an der Reeperbahn. Einen guten Überblick über die schönsten dieser Kunstwerke im ganzen Stadtraum bieten die kostenlosen Audioguides der Kulturbehörde. Von der Internetseite (*www. hamburg.de/kunstaudioguides*) können Sie sich die Führungen als MP3-File direkt herunterladen und zum Museumsgang unter freiem Himmel starten.

burg.de | U- und S-bahn Hauptbahn-
hof | St. Georg

MUSEUM FÜR VÖLKERKUNDE   [140 C5]
Von ägyptischen Grabbeigaben über
Südsee-Masken und Bronzen aus Be-
nin bis zum Maori-Versammlungs-
haus aus Neuseeland: Das Museum
für Völkerkunde, untergebracht in
einem ehrwürdigen Bau in Rotherbaum, präsentiert viele interessante
Ausstellungsstücke aus aller Welt.
Die beste Nachricht: 🐷 Freitags ab
14 Uhr ist der Eintritt für alle kosten-
los! *Di–So 10–18, Do 10–21 Uhr |
Rothenbaumchaussee 64 | Tel.
42 88 79-0 | www.voelkerkundemu
seum.com | Schnellbus 34 Museum
für Völkerkunde | Rotherbaum*

MUSIK
HOCHSCHULE FÜR MUSIK
UND THEATER 🐷   [136 A3]
Tolle Konzerte ohne Eintritt: Die
Studiokonzerte und viele Aufführun-
gen der Studierenden an der Hochschule für Musik und Theater stehen
allen Musikfans offen. Die Auswahl
ist grandios: Mal spielen Cellisten,
mal eine reine Schlagzeugcombo,
dann wieder gibt es einen Klavier-
abend, oder das Jazzorchester samt

Chor tritt an. Die Hochschule hat ih-
ren Sitz im wunderschönen Budge-
Palais, einem klassizistischen Villen-
bau im Nobelstadtteil Rotherbaum.
*Konzerte mehrmals in der Woche
abends | Harvestehuder Weg 12 |
Infos zum Programm unter www.
hfmt-hamburg.de | U1 Hallerstraße |
Rotherbaum*

Insider Tipp

JAZZ IM FEUERSCHIFF 🐷   [148 B5]
Früher war das Feuerschiff als See-
zeichen vor der Küste Englands un-
terwegs, seit 1993 liegt es im City
Sportboothafen vor Anker. Hier kann
man nicht nur originell übernachten,
sondern auch ausgezeichnet essen
und trinken *(Frühstück 9–12, warme
Küche 12–22 Uhr)* sowie hin und
wieder Lesungen und Konzerte erleben. Feste Livetermine sind der Jazz-
Frühschoppen am letzten Sonntag im
Monat sowie der „Blue Monday"-
Jazzertreff am Montag (Eintritt frei!):
Hier treffen sich Musiker auf der
kleinen Bühne im Maschinenraum,
um zu jammen. Wer sein Instrument
beherrscht, darf gerne zum guten Ton
beitragen, Zuhörer machen es sich an
der Bar bequem. Richtig schön mari-
tim! *Eintritt frei | jeden Mo ab 20.30
Uhr | Feuerschiff im City Sportboot-*

hafen am Vorsetzen | Tel. 36 25 53 | www.das-feuerschiff.de | U 3 Baumwall | Neustadt

KIRCHENMUSIK

Hochhäuser hin, HafenCity her, Hamburgs Silhouette wird immer noch durch die Kirchtürme bestimmt. Herausragend sind die fünf Hauptkirchen: St. Michaelis, St. Katharinen, St. Jacobi, St. Petri und St. Nikolai. Für jeden Musikfreund lohnt der Blick ins Programm der hier angebotenen Konzerte, die oft auch ganz normale Eintrittspreise haben. Kostenlos sind dagegen z. B. die wöchentliche Stunde der Kirchenmusik in St. Petri *(jeden Mi 17.15 Uhr | Mönckebergstr. | Innenstadt)* oder die Führung zur berühmten Arp-Schnitger-Orgel in St. Jacobi *(Do 12 Uhr | Jacobikirchhof 22 | Innenstadt)*. Im Michel *(Englische Planke 1 | Neustadt)* gibt es mittags um 12 Uhr eine Andacht mit Orgelmusik. ● Ebenfalls umsonst sind natürlich die sonntäglichen Gottesdienste, zu denen fast immer auch der Kirchenchor oder bekannte Solisten auftreten. Das sollten Sie sich nicht entgehen lassen! Infos unter *www.kirchenmusik-hamburg.de.*

CLEVER!
› Musik in der City

Kulturcafé statt Burger: Noch vor wenigen Jahren verkaufte eine Fast-Food-Kette ihre Burger in dem alten Sandsteinpavillon an der Mönckebergstraße, doch inzwischen hat dort im ersten Stock das Kulturcafé der Elbphilharmonie Platz genommen. Mehrmals im Monat treten hier junge Hamburger Jazz- und Soulmusiker auf, und auch manch internationaler Star, der später ein Konzert in der Laeiszhalle geben wird, kommt zu einem Musiktalk ins Kulturcafé. ● Die Veranstaltungen kosten keinen Eintritt. Außerdem kann man sich in dem Café prima darüber informieren, was in der Stadt kulturell los ist. *Mo–Fr 11–18, Sa 11–16 Uhr | Veranstaltungen meist Do 18 Uhr | Am Mönckebergbrunnen, Barkhof 3 | Tel. 3576 66 66 | www.elbphilharmonie.de/kulturcafe | U 3 Mönckebergstraße | Innenstadt* **[131 E3]**

LUNCHKONZERTE
LAEISZHALLE 🐷 ➜   [130 B2/3]

Mittagspause mal ganz anders, etwa als schöne Unterbrechung einer Sightseeing-Tour: Im Brahmsfoyer der Laeiszhalle bieten die Hamburger Symphoniker meist einmal monatlich ein kostenloses Lunchkonzert. 30 Minuten lang wird Kammermusik vom Feinsten in einem wunderschönen Ambiente gemacht. Wer es verpasst: Die regulären Konzerte unter dem Maestro und Chefdirigenten Sylvain Cambreling gibt es in der Preisklasse 5 schon ab 8,80 Euro pro Karte. *Eintritt frei | einmal monatlich Di 12.30–13 Uhr | Johannes-Brahms-Platz | Tel. 35 76 66 66 | www.hamburgersymphoniker.de | U2 Messehallen | Neustadt*

PLANTEN UN BLOMEN 🐷 ➜   [148 B2–C2]

Der Musikpavillon im Herzen von Planten un Blomen bietet wunderbare Gelegenheiten zum kostenlosen Musikgenuss, im Sommer an fast jedem Wochenende. Etwas ganz Besonderes sind auch die ==Wasserlichtkonzerte== *(Mai–Aug. jeden Abend ab 22, Sept. 21 Uhr):* Beleuchtete Fontänen tanzen im Takt von „Die Moldau" oder „Pomp and Circumstance"

sider tipp

in den Nachthimmel, gesteuert von einer Wasserlichtorgel. An lauen Sommerabenden ein Muss für alle Liebespärchen. An einigen Abenden steht sogar zusätzlich noch eine Feuershow auf dem Programm. Absolut sehens- und hörenswert! *Eintritt frei | Mai–Ende Sept. | Musikpavillon und Parksee Eingang Rentzelstr. | Tel. 4 28 54 47 23 | www. plantenunblomen.hamburg.de | S 11, 21, 31, U 3 Sternschanze, Bus 35 Hamburg Messe | Neustadt*

RESONANZRAUM   [130 A1]

Der Resonanzraum im Musikbunker auf St. Pauli ist kein normaler Club, denn hier hat vor allem das junge Orchester vom Ensemble Resonanz seine Heimat. Es stehen sowohl Konzerte des Ensembles als auch Auftritte von Gastkünstlern auf dem Programm – und hin und wieder auch 🐷 kostenfreie Partys wie die „Bunkerkantine" oder die „Hausparty". Bei den öffentlichen Orchesterproben von Ensemble Resonanz ist der 🐷 Eintritt ebenfalls frei! *Konzerte ab 5 Euro | Musikbunker Feldstr. 66 | Tel. 3 57 04 17 60 | www.resonanzraum.club | U 3 Feldstraße | St. Pauli*

KULTUR & EVENTS

THEATER/MUSICAL/ KABARETT

ALTONAER THEATER 🐷 [147 E4]

Nur wenige Privattheater in Hamburg bieten so viele Ermäßigungen an wie das Theater beim Altonaer Rathaus, dessen Markenzeichen literarische Vorlagen und historische Stoffe sind. Nach dem Motto „Wir spielen Bücher" werden viele Roman-Bestseller für die Bühne dramatisiert. Wer nur Theaterluft schnuppern möchte, kommt zu den kostenlosen Probenbesuchen *(meist Sa 10–13 Uhr, Anmeldung nötig)*, Schüler und Studierende bis 27 Jahre zahlen bei den Aufführungen am Mittwoch nur 5 Euro, und die Nachmittagsvorstellungen Sa–Do kosten ermäßigt nur 10–21 Euro (regulär 16–34 Euro). *Museumstr. 17 | Kartentel. 39 90 58 70 | www. altonaer-theater.de | Bus und S-Bahn Altona | Altona*

MUSICALS

Hochkultur hin oder her, die meisten Gäste kommen wegen der Stage-Musicals nach Hamburg. Die Vorstellungen sind meist Erfolgsrenner, allerdings bei Kartenpreisen um die 60 bis 120 Euro nicht gerade ein Schnäppchen. Aber es gibt ein paar Tipps, wie Sie diese tollen Shows zum kleineren Preis genießen können: Unter der Woche (vor allem Di–Do) ist es oft günstiger und 20 Prozent Rabatt gewährt an bestimmten Tagen ein Familienticket (zwei Erwachsene und ein Kind unter 16 J.). Unter *www.kartentipp.de* gibt es zudem viele Ermäßigungen. *Eintritt Di–Do und So ab 40 Euro | Karten-Hotline: 01805 44 44 | www.stage-entertainment.de*

OHNSORG-THEATER [131 F2]

Plattdütsch geht es hier zu, das wissen sogar Zuschauer in Freiburg. Denn das Ohnsorg-Theater ist seit Jahrzehnten stetiger Gast im NDR zur besten Abendzeitunterhaltung. Seit 112 Jahren gibt es diese Hamburger Institution, und Ensemblemitglied Heidi Kabel wurde hier zur nationalen Ikone. Auch heutzutage gehen noch die Enkel mit ihren Großeltern ins Ohnsorg. Der Besuch ist nicht ganz billig, günstiger ist es unter der Woche, dann kostet der Platz ab 18 Euro. *Eintritt ab 18 Euro | Bieberhaus, Heidi-Kabel-Platz 1 | Kartentel. 35 08 03 21 | www.ohnsorg.de | U- und S-Bahn Hauptbahnhof | St. Georg*

Bild: „Aladdin" – einer von Hamburgs Musical-Krachern

POLITTBÜRO [149 E3]

Linkes Kabarett hat es nicht immer leicht, doch in der aktuellen Politik gibt es genug Ereignisse, die eine Steilvorlage für Lisa Politt und Gunter Schmidt alias „Herrchens Frauchen" sind. Zum hauseigenen Politkabarett im kunterbunten Viertel St. Georg gesellen sich immer wieder nette Gäste; alle treten zu recht zivilen Preisen auf. *Eintritt 15–20, erm. 10–15 Euro | Steindamm 45 | Kartentel. 28 05 54 67 | www.politttbuero.de | U1 Lohmühlenstraße | St. Georg*

SCHAUSPIELHAUS [131 F2]

Der weiße Prachtbau gegenüber vom Hauptbahnhof ist Deutschlands größtes Sprechtheater. Die fast 1200 Plätze jeden Abend zu füllen, ist nicht einfach, doch mit Stücken, die von „Elektra" bis zu Aufführungen des Hamburger Trios Studio Braun reichen, gelingt das Kunststück. Karten fürs Haupthaus kosten 9 bis 69 Euro. Ganz toll ist das ==Programm des Jungen Schauspielhauses,== und dafür gibt es auch ein Super-Familienangebot: Ab drei Personen zahlt ein Erwachsener für die Hauptkarte 13 Euro, alle anderen zahlen 7 Euro. *Kirchenallee 39 | Kartentel. 24 87 13 |*

Insider Tipp

www.schauspielhaus.de | U- und S-Bahn Hauptbahnhof | St. Georg

SCHMIDT-THEATER/ SCHMIDTS TIVOLI [148 A4]

Das Schmidt und das Tivoli auf der Reeperbahn sind sicher kein Geheimtipp mehr; Stars wie Kay Ray oder der Dauerbrenner Caveman sind bundesweit bekannt. Die berühmt-berüchtigte Schmidt-Mitternachtsshow *(Sa 24 Uhr)* ist schon ab 14,10 Euro zu haben. Völlig gratis ist der Eintritt für die „Horst J. Gonzales Karaokeshow" in der Hausbar des Theaters *(Fr 23.23 Uhr). Spielbudenplatz 25–28 | Kartentel. 31 77 88 99 | www.tivoli.de | S1–3 Reeperbahn, U3 St. Pauli*

STAATSOPER/ HAMBURG BALLETT [130 C1]

Ein großartiges Haus mit einem tollen Programm und einem Superstar am Dirigentenpult. Unter der Leitung von Generalmusikdirektor Kent Nagano gehört die Staatsoper zu den renommiertesten Opernhäusern der Welt. Wer diese und das von John Neumeier geführte Ballett bewundern will, muss gar nicht sooo tief in die Tasche greifen, wirkliche Fans

KULTUR & EVENTS

nehmen sich nämlich einen der zwölf Stehplätze und zahlen nur 8 Euro (Fernglas nicht vergessen!). An einem Wochentag kosten aber auch die günstigsten Sitzplätze nur um 10 Euro. In der Opera Stabile, der angeschlossenen Werkbühne, gibt es Aufführungen für nur 10 Euro. Ein spannender Tipp sind auch die Hausführungen für 6 Euro *(finden unregelmäßig statt)*. *Stehplatz ab 3 Euro | Große Theaterstr. 25 | Kartentel. 35 68 68 | www.staatsoper-hamburg.de | U2 Gänsemarkt | Neustadt*

THALIA-THEATER   [131 E2/3]
Nicht nur Klassiker werden in diesem altehrwürdigen Haus gespielt,

Intendant Joachim Lux brachte z.B. auch schon Benjamin von Stuckrad-Barres Roman „Panikherz" auf die Bühne. Am Sonntagnachmittag kommen Sie für nur 6,50 Euro (Preisgruppe E) rein – sichtbehindert, aber bei nicht ausverkauftem Haus suchen Sie sich halt einen besseren Platz, wenn das Licht ausgeht. Für echte Fans des anspruchsvollen Theaters lohnt sich die Anschaffung der Thalia-Card für 70 Euro: Zwei Personen zahlen ein Jahr lang nur den halben Preis bei fast allen Vorstellungen. *Karten ab 6,50 Euro | Alstertor 1 | Kartentel. 32 81 44 44 | www.thalia-theater.de | U- und S-Bahn Jungfernstieg | Altstadt*

CLEVER!

> *Gutes Theater zu kleinen Preisen*

Die sechs Hamburger Off-Theater sind künstlerisch unabhängig und können sich manch mutige Eigenproduktion leisten, etwa das preisgekrönte **Lichthof-Theater** *(Mendelssohnstr. 15B, Bahrenfeld)* oder das interkulturelle **MUT!-Theater** *(Amandastr. 58, Schanzenviertel)*. Die Atmosphäre ist persönlich: In den Mini-Theaterbars lässt sich nach dem Stück oft mit den Intendanten und Schauspielern klönen. Die Karten fürs MUT! kosten meist 12, ermäßigt 10 Euro. Das Lichthof hat ein Angebot für Geringverdiener: 8 Euro (statt 18, bzw. 12 Euro) zahlen alle, die nicht mehr ausgeben können, Selbstauskunft genügt. Infos zu den Häusern und Programme unter *www.hamburg-off.de.*

> Tolle Spaziergänge, coole Treffpunkte, preiswerte Feste – Sparfüchse haben in Hamburg beste Aussichten

Keine andere deutsche Großstadt ist so grün wie Hamburg, kaum eine so gut zu Fuß zu erlaufen. Wenn Sie hier „mehr" erleben wollen, reicht manchmal ein simpler Spaziergang vollkommen aus. Frühmorgens am Elbufer in Höhe Övelgönne oder ganz einfach an den Landungsbrücken flanieren, das heißt genießen mit allen Sinnen: tutende Dampfer, tuckernde Barkassen, kreischende Möwen, alles gehüllt in ein zartes Nebelgewand – herrlich! Es gibt tolle Aussichtspunkte, von denen Sie der Hansestadt völlig kostenfrei aufs Haupt schauen dürfen, und In-Locations, wo Sie ein bisschen Subkultur schnuppern und den Tag entspannt vorbeistreichen lassen können. Wem ein Ticket fürs HSV-Spiel zu teuer ist, der kann in der Kneipe neben dem Stadion preiswert Fan-Atmosphäre genießen. Um dem Wesen der Stadt näherzukommen, brauchen Sie eben keine teuren Eintrittskarten und auch keinen kostspieligen Reiseführer, ein bisschen Neugier und Entdeckergeist ist völlig ausreichend. Dann können Sie auch auf Menschen treffen, die Ihnen ganz persönliche Geschichten aus ihrer Stadt erzählen. Und wenn Sie dann noch wissen, wo „man" sich trifft, na, dann gehören Sie schon beinahe dazu.

MEHR ERLEBEN

FÜHRUNGEN

HAMBURG GREETER

„Komm als Gast, geh als Freund" ist das Motto der Hamburg Greeter, Hamburger und Hamburgerinnen, die ehrenamtlich kleine Gruppen von maximal sechs Personen kostenlos durch die Hansestadt führen. Hier sind keine gelangweilten Profi-Touristenführer am Werk, sondern engagierte Einheimische, die ganz individuell und persönlich ihre Lieblingsecken der Stadt zeigen und lieber persönliche Geschichten erzählen, als historische Daten und Jahreszahlen runterzuleiern. Entsprechend gibt es keine festen Touren, sondern man verabredet sich über die Website ganz individuell vor Ort. *www.hamburg-greeter.de*

ROBIN AND THE TOURGUIDES

Auch Robin and the Tourguides will ein Stück authentisches Hamburg vermitteln. Bei den 365 Tage im Jahr stattfindenden „Free Tours" präsentieren Guides Gruppen von bis zu acht Personen die Stadt aus ihrer eigenen Sicht und mit ihrer eigenen Vorgeschichte. Diese Touren sind zwar nicht, wie der Name vermuten lässt, kostenlos, aber Sie bestimmen selbst den Preis für die täglich angebotene Führung durch Hafen, St. Pauli, die Reeperbahn oder die historische Altstadt. *Historische Altstadt: tgl. 11 Uhr, ca. 2 Stunden, Start am Rathausmarkt; Hafen, St. Pauli & Reeperbahn: tgl. 14 Uhr, ca. 2 Stunden, Start Landungsbrücke 5 | Anmeldung unter www.robinandthetourguides.de*

HAMBURG VON OBEN

DOCKLAND [147 E5]

Insider Tipp

Sie wollen mal kostenlos weit über den Hafen gucken? Dann nix wie rauf aufs Dockland, Hamburgs wohl spektakulärstes Bürohaus am Altonaer Fischereihafen, erbaut von Star-Architekt Hadi Teherani. Hier dürfen Sie ganz regulär und völlig gratis den Angestellten in den Büros darunter aufs Dach steigen und von oben den Blick über die Elbe genießen. Grandios. *Eintritt frei | Dockland | Van-der-Smissen-Str. 9 | Hadag-Fähre 61, 62 Anleger Dockland | Altona*

ENERGIEBUNKER/CAFÉ VJU [152 C3]

Vom Flakbunker zum regenerativen Kraftwerk: Der Energiebunker ist eines der nachhaltigsten Projekte der Internationalen Bauausstellung IBA in Hamburg. Während der IBA wurde der 1943 erbaute Bunker entkernt und mit einem Kraftwerk und Sonnenkollektoren bestückt. Nun versorgt er die Wilhelmsburger mit Strom. Hamburg Energie bietet an Wochenenden Führungen durch das Innere des Klotzes an. Aber auch ohne Führung haben Sie von der Terrasse des Café Vju in 30 m Höhe eine fantastische Aussicht auf die Skyline der Stadt. Nach der Cafépause lohnt ein Abstecher in den Inselpark *(s. S. 42)*. *Führungen Sa, So 14, 15, 16 Uhr | 3 Euro, ohne Anmeldung | Café Vju: Fr 12–18, Sa, So 10–18 Uhr | Neuhöfer Str. 7 | Tel. 0151 52701492 | www.vju-hamburg.de | Bus 13 Veringstraße (Mitte) | Wilhelmsburg*

GRINDELHOCHHÄUSER [140 B4]

Paternoster gibt es noch einige in Hamburg, manche sind öffentlich zugänglich, so wie der im Bezirksamt Eimsbüttel in den Grindelhochhäusern. Nehmen Sie Ihre Kinder an die Hand und gönnen Sie sich im zwölften Stock in der Cafeteria 66 ein günstiges Mittagessen (Hauptgericht ab 3,30 Euro) in der Amtskantine. Die ist nicht nur preiswert, sondern bietet auch einen genialen Blick über die Stadt – und der ist natürlich vollkommen gratis. Zurück geht's dann wieder im historischen Paternoster, ein kostenfreies Vergnügen. *Eintritt frei | Kantine Mo–Fr Frühstück 7.30–10.30, Mittag 11.30–13.45 Uhr | Grindelberg 66 | Tel. 4229402 | www.cafeteria66.de | Bus 5, 15 Bezirksamt Eimsbüttel | Harvestehude*

Inside Tipp

HOTEL HAFEN HAMBURG
TOWERBAR 🐷   [148 B4]

Der Ausblick ist unschlagbar: Wenn die Sonne den Himmel abends in Pastellfarben taucht und die Lichter im Hafen glitzern, ist dies der perfekte Ort, um mit etwas Fernweh den Schiffen hinterherzuschauen. Die Tower Bar des ehrwürdigen Hotels liegt in 62 m Höhe, und wer einfach nur mal auf Elbe und Werft gucken will, kann das zwischen Fahrstuhl und Eingang zur Bar problemlos tun. Wer bleiben will: Während der Happy Hour (unbedingt reservieren) gibt's diverse Longdrinks und Cocktails ab 6,50 Euro. Ein gutes Argument für eine Verschnaufpause mit Weitblick. *Eintritt frei | Cocktails in der Happy Hour (18–19 Uhr) ab 6,50 Euro | tgl. 18–2 Uhr | Seewartenstr. 9 | Tel. 31 11 30 | www.hotel-hafen-hamburg.de | U 3, S 1–3 Landungsbrücken | St. Pauli*

Kostenfreies Vergnügen: Fahrt im Paternoster in den Grindelhochhäusern

NIKOLAIKIRCHTURM   [131 D4]

Die Nikolaikirche im Zentrum der Altstadt wurde im Krieg fast völlig zerstört und dient heute als Mahnmal an seine Schrecken. Der gläserne Fahrstuhl zur Turm-Plattform in 76 m Höhe ist mit 5 Euro zwar nicht ganz billig, dafür ist der Besuch des Dokumentationszentrums zum Zweiten Weltkrieg mit eingeschlossen. Von oben haben Sie einen fantastischen Blick und können mithilfe historischer Fotos das zerstörte Hamburg von 1945 mit dem Stadtbild von heute vergleichen. *Eintritt 5 Euro, Kinder 3 Euro | tgl. Mai–Sept. 10–20, Okt.–April bis 17 Uhr | Willy-Brandt-Str. 60 | Tel. 37 11 25 | www.mahnmal-st-nikolai.de | U 3 Rödingsmarkt | Altstadt*

PLACES TO BE

ALSTERPERLE   [141 E5]

Sehen und gesehen werden, das ist rund um das ehemalige Klohäuschen

CLEVER!

> *Mit Hamburgs Kult-Linien die Stadt erkunden*

Sparen Sie sich die Stadtrundfahrten und steigen Sie lieber in diese Busse, Fähren und Bahnen: Den überwältigenden Hafenblick gibt es auf der Strecke der **U 3 zwischen Landungsbrücken und Rödingsmarkt.** Einen grandiosen Alsterblick bietet die **S-Bahnverbindung zwischen Hauptbahnhof und Dammtor.** Eine Fahrt mit dem **Bus 111** ist wie eine Mini-Stadtrundfahrt. Vom Bahnhof Altona geht es zum Fischmarkt, dann hinauf zur Reeperbahn und zur Davidstraße, anschließend wieder hinunter zu den Landungsbrücken und von dort mittenmang in die HafenCity. Die „Wilde 13" nennen die Wilhelmsburger liebevoll die **Buslinie 13, die kreuz und quer über die Elbinsel düst.** Start der spannenden Fahrt ist der S-Bahnhof Veddel. Die **Hafenfähre 73** schippert von den Landungsbrücken zum Ernst-August-Kanal am Wilhelmsburger Spreehafen. Dort lädt ein Rundweg auf dem Deich zum Spaziergang um die „Alster des Südens" ein. Auf der Fahrt der **S-Bahnlinie 1** rollen Fahrgäste von Nord nach West rund 42 km durch Hamburg bis ins feine Blankenese und noch weiter hinaus nach Wedel. Preis: ein HVV-Ticket *(www.hvv.de)*.

Inside Tipp

> *www.marcopolo.de/hamburg*

am Alsterufer das Wichtigste. Hinzu kommt ein spektakulärer Sonnenuntergang am Abend vor Stadtsilhouette und Segelschiffen. Wer mithalten will bei den Schönen und Reichen, bestellt das Glas Prosecco zu 3,80 Euro und small-talkt möglichst cool über die letzten Business-Zahlen. Schließlich befindet man sich in Uhlenhorst, einem der teuersten Wohnviertel der Stadt. Nicht weniger stilbewusst, aber preisgünstiger geht es auf dem Rasen nebenan zu: Da wird gegrillt, was das Zeug hält, und die mitgebrachte Flasche Prosecco steht im Sektkühler neben der Holzkohle ... *Im Sommer tgl. 8–open end, im Winter 8–21 Uhr | Eduard-Rhein-Ufer 1 | Tel. 22 74 82 73 | www.alster perle.com | Bus 6, 37, 172, 173 Mundsburger Brücke | Uhlenhorst*

PARK FICTION 🐷 [148 A4]

Park Fiction ist Hamburgs spannendster Platz mit Hafenblick. Oberhalb der Landungsbrücken liegt die Grünfläche mit künstlichen Palmen, Kinderbolzplatz und Hundegarten. Dort treffen sich die St. Paulianer und genießen den Ausblick. Ende der 90er-Jahre protestierten Anwohner und Künstler gegen eine Bebauung und entwarfen stattdessen den alternativen Park, der zu einem Aushängeschild der Stadt avanciert ist. Eigentlich gehört der Park schon zum Stadtteil Altona-Altstadt, doch die gefühlte Grenze St. Paulis liegt an der Straße Pepermölenbek. Im Rücken des Parks steht die St.-Pauli-Kirche, in der die zwei engagierten Kiez-Pastoren auch ein schönes Kulturprogramm organisieren. Unterhalb liegt die Tanzbar Golden Pudel Club des Künstlers Rocko Schamoni, und nahebei stehen die einst umkämpften Hafenstraßenhäuser und mittlerweile auch einige Luxusneubauten. Die vielfältige Nachbarschaft funktioniert, und das mag ein Grund sein, weswegen die britische Zeitung „The Guardian" St. Pauli zu einem der fünf lebenswertesten Orte der Welt erkoren hat. *Eintritt frei | Ecke Pinnasberg/Antonistraße | www.parkfic tion.org | S1–3 Reeperbahn | St. Pauli*

SCHANZENPIAZZA 🐷 [148 A2]

Ein cooler Treffpunkt der Medien- und Musikszene mit ganz besonderem Charme: Man trägt hippe Klamotten, trinkt einen portugiesischen Milchkaffee für 2 Euro in einem der

umliegenden Cafés und präsentiert, Vorbild Madonna, gerne auch den Nachwuchs, der dann am warmen Käse-Schinken-Toast knabbern darf. Ein bisschen Laufsteg-Charakter hat das schon, vor allem an warmen Sommertagen, dann ist die Piazza gerappelt voll. Abends öffnen die Bars mit junger Klientel. Direkt gegenüber liegt das Kulturzentrum Rote Flora, Mekka aller Alternativen in Norddeutschland. *Schulterblatt, Ecke Susannenstr. | Bus 15 Schulterblatt | Schanzenviertel*

STRANDPERLE [146 C4]

Wenn es in Hamburg einen Ort gibt, auf den sich vom Reeder bis zum Punk alle einigen können, dann ist das die Strandperle. Solange man denken kann, gibt es in der provisorisch wirkenden Bude schon leckere Snacks ab 3 Euro. Oder die Menschen sitzen mit der mitgebrachten Dose Holsten Pilsener stundenlang im Sand davor, schauen auf die vorbeifahrenden Containerschiffe und sinnieren über das Leben. Die Strandperle ist eben keine stinknormale Imbissbude, sondern atmosphärischer Ankerpunkt für ein Lebensgefühl, auch wenn einem manchmal die Hochwasserwelle bis ins Bierglas schwappt. Aber das gehört halt dazu. Wer hier keinen Platz mehr bekommt, geht eine Tür weiter zum Ahoi-Strandkiosk, wo es mindestens genauso nett ist *(Mo–Fr ab 11, Sa, So ab 10 Uhr, bei gutem Wetter bis spätabends geöffnet). Strandperle: April–Okt. Mo–Fr 10–23, Sa, So, Feiertage 9–23 Uhr, Nov.–März Fr–So ab 11 Uhr (je nach Wetterlage) | Övelgönne 60 | www.strandperle-hamburg.de | Bus 112, Hadag-Fähre 62 Neumühlen | Övelgönne*

ZUM MITMACHEN

INSELPARK WILHELMSBURG [0]

Im südlich der Elbe gelegenen Hamburger Stadtteil Wilhelmsburg ist auf dem Gelände der Internationale Gartenschau 2013 mitten im ehemaligen Industrie- und Arbeiterviertel ein 85 ha großer Volkspark entstanden, der mit Grünflächen, Gärten, Bäumen, Wasserläufen und Teichen Raum für Ruhe und Erholung bietet, aber auch zahlreiche kostenlose Sport- und Spielangebote bereithält wie z. B. einen Skatepark, einen Hochseilgarten, eine Kletterwand und Aqua-Soccer . Auf dem 6,5 km langen Freizeitrund-

kurs „LOOP" kann man laufen, radeln, wandern und skaten. Auch einen 3 km langen Kanurundkurs gibt es. Wer Fußball spielen und sich gleichzeitig abkühlen will, probiert Aqua-Soccer mit Toren in wadentiefem Wasser aus. Kinder kommen auf den fünf Spielplätzen voll auf ihre Kosten. *Eingang Neuenfelder Straße | www.inselpark.hamburg | S 3, 31 Wilhelmsburg*

KLETTERN 🐷 [148 A2]

Von wegen Flachland: Hamburg hat diverse Berge, z. B. den Süllberg in Blankenese (immerhin über 70 m hoch) und sogar einen Weinberg auf dem Stintfang bei den Landungsbrücken. Wer richtig klettern will, der sucht natürlich nach härteren Herausforderungen. Die bietet beispielsweise die Kletterwand des über 20 m hohen Bunkers an der Schanze: Jeden Sonntag *(April–Okt. 15–17.30 Uhr)* bei schönem Wetter können sich hier Anwohner und Besucher in der Wand probieren – kostenfrei. Das Rundherum ist schön alternativ. Und im Anschluss dürfen Sie gerne eine Spende dalassen, dies ist nämlich eine wirklich tolle Stadtteilinitiative. *Nutzung kostenlos | Florapark am Schulterblatt | Infos: www.kiliman schanzo.de | Bus 15 Schulterblatt | Schanzenviertel*

MINIGOLF

Die Clique ist genervt vom Museum, alle brauchen frische Luft? Dann ist Minigolf genau der richtige Spaß und dazu noch relativ günstig. Zwei sehr zentrale Plätze gibt es in Hamburg: zum einen die nette Anlage in Planten un Blomen gegenüber des Hamburgmuseums. Ein Spiel für Erwachsene kostet 3,50 Euro, Kinder zahlen 2,50 Euro. Klasse sind auch die großen Trampoline nebenan (2 Euro für 15 Min.) und der kleine Kiosk, bei dem es noch günstiges Stieleis gibt *(März–Okt. tgl. 10–21 Uhr | Glacischaussee, Eingang Große Wallanlagen)*. Ebenfalls sehr zentral und mit moderaten Preisen präsentiert sich der Minigolfplatz mitten im Stadtpark *(Kinder 2 Euro, Erwachsene 3 Euro, Mitte März–Mitte Okt. Mo–Fr ab 13.30, Sa, So ab 11 Uhr | Südring/Ecke Spielwiesenweg 9 | Tel. 68 74 65 | www.minigolf-stadtpark-hamburg.com)*. Auch hier gibt es einen Kiosk und einen Spielplatz nebenan, und das Ganze liegt schön schattig unter Bäumen.

RADTOUREN 🐷

Wer Hamburg mit anderen Augen erleben möchte, sollte die Stadt per Fahrrad erkunden. Die Hamburg Port Authority stellt in ihrer Broschüre „Mit dem Fahrrad unterwegs im Hamburger Hafen" *(Gratis-Flyer bei der Tourist-Info | www.hamburg-port-authority.de, Suchwort: „Hafen-erlebnisroute")* nicht nur 45 km Radweg durch das maritime Quartier vor, sondern verrät auch, wo auf der Route die besten Aussichtspunkte und Sehenswürdigkeiten liegen. Abenteuer gefällig? Folgen Sie der Route zur Köhlbrandbrücke und biegen Sie hinter dem riesigen Bauwerk ab in die Zellmannstraße. Dort liegt der Seemannsclub Duckdalben, die Anlaufstelle für Seeleute, wenn ihr Schiff ein paar Stunden im Hafen liegt. Bestellen Sie an der Bar Würstchen oder Kaffee und klönen Sie mit den Mitarbeitern. Die erzählen gern von ihrer Arbeit *(tgl. 10–22.30 Uhr | Zellmannstr. 16 | www.duckdalben. de).* Eine Tour der Fahrradstation Dammtor *(Flyer gratis | Mo–Fr 10–13 u. 14–18 Uhr | Schlüterstr. 11 | Tel. 41 46 82 77 | www.fahrradsta tion-hh.de/fahrradtourismus)* führt mitten durch die City, von der Alt-

Insider Tipp

stadt über die Speicherstadt bis nach Teufelsbrück. Tipp: In den U-, S- und A-Bahnen des HVV ist die Fahrradmitnahme von 9 bis 16 und ab 18 Uhr kostenfrei, am Wochenende und auf den Hafenfähren kostet der Drahtesel ebenfalls nichts extra.

SCHWIMMEN

Vom Schwimmen in der Elbe wird in Hamburg eher abgeraten, denn der Sog ins Fahrwasser ist enorm, und einfach so drauflos paddeln geht auf keinen Fall. 🐷 Wer es dennoch wagen möchte, kann sich den jungen Elbschwimmern anschließen, die ihre Elbe als Badeort zurückerobern wollen. Es sind z.T. Rettungsschwimmer, die auf Gezeiten und Sicherheit achten und einmal im Jahr einen Elbbadetag organisieren. Treffpunkte geben sie auf der Website *www.schwimmen-im-freien.de* bekannt. 🐷 Der schönste Badesee in Hamburg ist der Boberger See, der idyllisch in einem Waldgebiet liegt *(s. S. 120).* Noch sicherer (und fast genauso schön) ist das Freibad im Stadtparksee, dass einen Bademeister und trotzdem Schilf und Alsterfische unter den Füßen hat und mit 3 Euro (Kinder 1,50 Euro) Eintritt

Insider Tipp

Bild: Wer in der Elbe schwimmen will, geht zu den Elbschwimmern

echt erschwinglich ist. *Tagesticket Erwachsene 3,20, Kinder 1,60 Euro | Sommer tgl. 11–ca. 20, bei gutem Wetter 10–21 Uhr | Südring 5b | Tel. 18 88 90 | www.baederland.de | U 3 Saarlandstraße | Winterhude*

SKATEN

In Hamburg gibt es ganz wunderbare Skatertouren, allerdings muss man für einige vorher ein Stück mit der Bahn fahren, z. B. raus auf die Elbinsel zum S-Bahnhof Wilhelmsburg und dann weiter nach Osten Richtung Norderelbe. Der Moorwerder Hauptdeich ist ein kostenneutrales Skate-Dorado, tolle Landschaft inklusive. Auf der anderen Seite des S-Bahnhofs liegt der Inselpark Wilhelmsburg, eine breite Brücke führt über die Gleise dorthin *(s. S. 42)*. Auch in der City kann geskatet werden, denn im Sommer verwandelt sich die Eisbahn in Planten un Blomen *(s. S. 117 u. 123)* in eine große Rollschuh- und Skateranlage. Der Eintritt ist an beiden Plätzen frei.

ZUM ZUGUCKEN
BASKETBALL   [138 B2]

Die Halle tobt, und es weht ein Hauch von NBA durch Wilhelmsburg, wenn im dortigen Inselpark die Hamburg Towers ihre Spiele der Zweiten Bundesliga Pro A austragen. Cheerleader- und Dunking-Action sorgen regelmäßig für großartige Stimmung bei den 3400 Zuschauern. Besonders toll: Im Verein integriert ist ein einzigartiges Jugend- und Integrationskonzept, um Kinder von der Straße zu holen und für den Basketball zu begeistern. Tickets gibt es im Unterschied zur NBA bereits ab 5 Euro. *Saison Sept.– März | edel-optics.de-Arena | Kurt-Emmerich-Platz 10–12 | Tickets unter www.hamburgtowers.de | S-Bahn S 3, 31 Wilhelmsburg | Wilhelmsburg*

FUSSBALL HSV   [138 B3]

HSV oder St. Pauli, das ist für den wahren Hamburger Fußballfan eine Lebensentscheidung. Tickets für HSV-Spiele im Volksparkstadion gibt es ab ca. 25 Euro. Im Familienblock gilt für Kinder bis einschließlich 14 Jahren ein ermäßigter Preis, Kinder bis sechs Jahren haben freien Eintritt. Unser Mehr-erleben-Tipp: Bei Auswärtsspielen treffen sich echte Fans in der „Raute" *(Sylvesterallee 7)*, einer Fußballkneipe direkt im Stadion, und verfolgen das Spiel am Bildschirm. Für Fans von aus-

Insi Tip

wärts bietet sich auch in der spiel-
freien Zeit auf jeden Fall der Besuch
im HSV-Museum an – mit Stadi-
onführung, das Kombiticket kostet
gerade mal 12 Euro. *Tgl. 10–18 Uhr
(17.30 letzter Einlass) | Volksparksta-
dion | Sylvesterallee 7 | Tel. 41 55 15
50 | www.hsv.de | Bus 180 Arenen,
S 3, 21 Stellingen | Stellingen*

FUSSBALL ST. PAULI [148 B3]
Karten für die Spiele dieses Kultver-
eins sind eigentlich nicht zu kriegen,
denn die sind seit Jahrhunderten in
fester Hand – und werden höchstens
vererbt. Deshalb ein Tipp: 🐷 Stellen
Sie sich an einem Spieltag einfach
mal aufs Heiligengeistfeld nebenan
– zumindest die Superstimmung ist
dort so hör- wie spürbar. Oder Sie
gehen durchs Viertel: In praktisch
jeder Kneipe wird bei Heimspielen
„Pauli" geguckt. *Millerntorstadion
auf dem Heiligengeistfeld | Tel.
31 78 74 51 | www.fcstpauli.com | U 3
St. Pauli | St. Pauli*

HSV oder FC St. Pauli – das ist in Hamburg die Frage

> **Billig und trotzdem lecker? Wir meinen, das geht. In den folgenden Läden werden Sie gut und günstig satt**

Gastliche Stätten aller Ethnien gibt es in Hamburg zuhauf, dazu viele coole Läden mit feiner Cross-over-Küche und natürlich besternte Küchentempel fürs große Portemonnaie. Die norddeutsche Metropole zählt sicher nicht zu den preiswertesten Städten der Republik, doch muss ein Leben wie Gott in Hamburg nicht unerschwinglich teuer sein. Es gibt viele Restaurants, die Köche mit Esprit und Liebe zur Arbeit beschäftigen und trotzdem günstige Preise haben, etliche sind dabei sogar noch urig oder gemütlich. Genau solche Locations haben wir gesucht und gefunden – sehen Sie selbst. Dazu gibt es natürlich die Adressen anständiger Imbisse, wo Sie schnell und günstig satt werden können. Wer sich überraschen lassen möchte, schlendert durch die Seitenstraßen von Szene-Stadtteilen wie Ottensen, St. Pauli, St. Georg und die Neustadt und studiert die Speisekarten der vielen Bistros und Cafés: Sie bieten preiswerte und leckere Mittagsgerichte an, bei deren Zubereitung man oft zugucken kann. Und da zum Repertoire der meisten Restaurants selbstverständlich auch fleischlose oder vegane Gerichte gehören, müssen Sie nicht lange nach Veggieburgern und Soja-Eis suchen.

ESSEN & TRINKEN

CAFÉS

ALTONAS BALKON – CAFÉ UND BIERGARTEN [147 E4]

Ein toller Blick auf die Elbe, ein schnuckeliger Biergarten im Grünen und faire Preise trotz Toplage – kein Wunder, dass das Café beim Altonaer Balkon *(s. S. 89)* so beliebt bei der Nachbarschaft und den Spaziergängern auf dem Elbwanderweg ist. Sobald es das Wetter zulässt, sitzen die Gäste draußen an den langen Holztischen und probieren sich durch die leckeren Kuchen, die die patente Chefin selbst backt (zwischen 2,20 und 3 Euro pro Stück). Bei Schietwetter kann man sich im kleinen Schankraum bei Linsensuppe (Portion 5,50 Euro) und Glühwein aufwärmen. *Frühling/Sommer tgl. 12– ca. 20, bei gutem Wetter 11–ca. 23 Uhr; Okt.–ca. Anf. März Di–Fr 12– 17, Sa, So 12–18 Uhr | Palmaille 41 (am Elbwanderweg) | Tel. 54 80 66 90 | www.altonas-balkon.de | S 1–3 Königsstraße | Altona*

CAFÉ GEYER [148 A4]

An einem der charmantesten Plätze St. Paulis, dem Hein-Köllisch-Platz, liegt in direkter Nähe zum Park Fiction das Café Geyer. Das kleine Eckcafé gibt es schon seit 20 Jahren, und deshalb ist es hier auch rustikal-gemütlich, trotz guter Lage nie zu voll, und die Preise sind so unaufgeregt wie der gesamte Laden. An warmen Tagen kann man wunderbar im Freien sitzen und ein französisches oder kleines Frühstück für 2,50 bzw.

6,50 Euro genießen, die Tasse Kaffee kostet gerade mal 1,90 Euro. *Tgl. 9.30–22 Uhr | Hein-Köllisch-Platz 4 | Tel. 49 20 40 51 | S-Bahn S 1, 2, 3 Reeperbahn | St. Pauli*

LA PAZ [139 F3]

Ab 2 Euro gibt's hier ein Frühstück, das seinen Namen verdient, der Kaffee dazu kostet 2,30 Euro. Das sind schon mal zwei Argumente für dieses Café-Restaurant in Eimsbüttel. Und es gibt noch mehr: Die Bedienung ist freundlich und zuvorkommend, gemütlich ist es, und wer zu spät zum Frühstück kommt, entscheidet sich für die günstigen Tapas. Ein anständiger Mittagstisch ist schon ab 3,90 Euro zu haben. Am Donnerstagabend spielt hier die Musik – selbstverständlich live. *Mo–Fr ab 9, Sa ab 10, So ab 9.30 Uhr | Heussweg 49 | Tel. 40 98 57 | www.lapaz-hamburg.de | U2 Osterstraße | Eimsbüttel*

MILLER [148 A3]

Im Miller werden traditionell Siege und Niederlagen des FC St. Pauli in Astra ertränkt. Dass man hier auch gut frühstücken kann, und zwar schon ab 3,40 Euro, ist dem von außen ziemlich schrabbelig wirkenden Lokal nicht anzusehen. Trauen Sie sich ruhig rein, hier beißt keiner – außer ins Brötchen. Oder in bestens schmeckenden hausgemachten Kuchen. Omas Apfelkuchen hat Saft und Kraft, der Karottenkuchen (ohne Ei und Milch) erfreut Veganer, und der Käsekuchen ist die Krönung – auch für hartgesottene Fußballfans. *Tgl. 9–open end, Frühstück 9–18, Essen bis 22 Uhr | Detlev-Bremer-Str. 16 | www.cafe-miller.de | Tel. 31 57 19 | U3 St. Pauli | St. Pauli*

IMBISSE

AL ARABI [147 D3]

Bunt, akkurat angeordnet, liebevoll dekoriert oder lecker eingelegt ist die Auslage in diesem arabischen Imbiss, der schräg gegenüber vom Veranstaltungszentrum Fabrik liegt und sich schon durch das äußerst umfangreiche Gemüse- und Salatangebot von den meisten seiner Art unterscheidet. Fast alle kommen wegen der frischen Falafel zu 3,50 Euro. Und für den Petersiliensalat. Und das Kichererbsenpüree mit Tahina. Und die Granatapfelsauce. Im Sommer geht's raus in den Hinterhof, da plätschert ein Brunnen und lässt die laute Barnerstraße weit weg erscheinen.

So–Do 11–1, Fr, Sa 11–3 Uhr | Barnerstr. 42 | Tel. 39 28 21 | Bus 2, 150 Friedensallee | Ottensen

BEI SCHORSCH   [148 A3]

Nicht nur Olli Schulz schwört auf den kleinen Stehimbiss am Pferdemarkt (keine Angst, da kauft Schorsch sein Fleisch nicht ein); der schlauchartige Laden ist geradezu tapeziert mit Bildern prominenter Stammgäste. Kein Wunder, denn seit mehr als 50 Jahren werden bei Schorsch Currywurst, Schaschlik und selbst gemachter Kartoffelsalat zu korrekten Preisen über den Tresen geschoben, und viele Stammgäste halten die Currywurst mit der selbst gemachten Sauce für die beste der Stadt. *Mo–Do 10.30–0.30, Fr, Sa 10.30–1.30, So 12–22 Uhr | Beim Grünen Jäger 14 | Tel. 43 09 19 25 | www.imbiss-bei-schorsch.de | U 3 Feldstraße | St. Pauli*

Insider Tipp

CURRY-PIRATES   [141 F3]

Früher führte Michael Weißenbruch ein beliebtes Feinschmeckerrestau-

Ochsenwurst mit Apfelstückchen und Wasabisauce: Curry-Pirates

rant, heute macht er in Wurst. Auf den ersten Blick ist das ein Abstieg, auf den ersten Biss wird allerdings klar, dass es sich hier um das kreativste Brät der Stadt handelt. Und dabei muss man nicht die Edelvariante mit Kalb, Trüffel und Gänseleber probieren. Schon die normale Currywurst zu 3,80 Euro mit Aprikosen im Brät ist eine Wucht. Oder die Ochsenwurst mit Apfelstückchen und Wasabisauce für 4,30 Euro. Weißenbruch macht sie alle selbst, ebenso die Saucen, die Mayonnaise, die belgischen Pommes. Jede Woche denkt er sich eine neue Sorte aus, manchmal holt er sich dabei Anregungen von seinen Stammgästen. Die reisen, wenn es sein muss, auch quer durch die Stadt, um seine Ideen zu genießen. *Mo–Fr 12–15 u. 17–20 Uhr | Mozartstr. 23 | Tel. 28 78 06 61 | www.curry-pirates.de | Bus 172, 173 Mozartstraße, Bus 25 Hebbelstraße | Uhlenhorst*

ERIKAS ECK [148 B2]

Morgens um vier ist in Erikas Eck schon ordentlich was los. Da stehen dann Frühaufsteher und Nachtschwärmer am Tresen, ordern dick belegte Brötchen oder Schnitzel mit Bratkartoffeln (11,90 Euro), dazu je nach Form entweder eine Tasse Kaffee für 1,10 Euro oder ein Astra für 2 Euro. Die Portionen sind hier gewaltig, Sparfüchse bestellen deshalb dazu einen „Räuberteller" (extra Teller und Besteck) für 2,50 Euro und teilen die Portionen. Und auch der Mittagstisch für 5,40 Euro (z. B. Spaghetti Carbonara oder Senfeier) ist ein Low-Budget-Tipp. *Mo–Fr 17–14, Sa, So 17–9 Uhr | Sternstr. 98 | Tel. 43 35 45 | www.erikas-eck.de | S 11, 21, 31, U 3 Sternschanze | St. Pauli*

KARO FISCH [148 B3]

Insider Tip

How much is the fish? Der Legende nach hat sich die Hamburger Trash-Ikone Scooter hier für einen Song inspirieren lassen. Sicher ist auf jeden Fall, dass hier fangfrischer Fisch in Stücken oder auch als Ganzes auf den Grill kommt. Das ist nicht nur extrem lecker, sondern auch noch günstig: 6,50 Euro kostet der Backfisch, Fisch vom Grill gibt es ab 7,50 Euro. Dazu wahlweise Pommes, knusprige Bratkartoffeln oder Knoblauchbrot und immer verschiedene Dips. Yummy! *Mo–So 12–23 Uhr | Feldstr. 32 | Tel. 88 23 75 32 | karo*

fisch.wixsite.com/karofisch | U 3
Feldstraße | St. Pauli

KLEINE PAUSE [148 A3]

Womit soll man hier anfangen? Mit dem Schollenfilet, das 3,90 Euro kostet? Oder mit dem Schnitzel zu 3,60 Euro? Mit der großen Pizza für 6,40 Euro? Oder dem guten Veggie-Burger für 4,40 Euro? Oder doch lieber damit, dass die Inhaber Sabine und Thorsten das Herz am richtigen Fleck haben, das Personal immer bester Stimmung ist und hier richtig schön hamburgisch nachbarschaftsgeschnackt wird und bis spätnachts geöffnet ist? Die Kleine Pause ist einfach ein großes Glück für kleine Geldbeutel. *Mo–Do 7–3, Fr 7–5, Sa 9–5, So 9–2 Uhr | Wohlwillstr. 37 | www.kleine-pause.de | U 3 Feldstraße | St. Pauli*

LA FAMILLE CROQUE UND CREPE [148 A2]

In dem charmanten Imbiss mit nostalgischem und französischem Flair wartet man auf die Bestellung zwar manchmal ein paar Minuten länger, dafür sind die Croques (ab 5,40 Euro) mit solch ausgefallenen Saucen wie „Voodoo-" oder „Chili-Remoulade" unglaublich knusprig und frisch. Auch die salzigen und süßen Crêpes (ab 3,20 Euro) sind exzellent und erschwinglich. Jeden Tag gibt es einen wechselnden Mittagstisch (Croque und Getränk) für 7,50 Euro. *Mo–Do 12–23, Fr, Sa u. vor Feiertagen 12–1, So u. feiertags 12–22.30 Uhr, im Sommer eine Stunde länger | Schulterblatt 62 | Tel. 43 53 84 | www.bistro-lafamille.de | S 11, 21, 31, U 3 Sternschanze | Sternschanze*

MR. KEBAB [148 A3]

Das türkische Bistro Mr. Kebab ist im Laufe von 25 Jahren zu einer echten Institution und einem besonders im Sommer sehr beliebten Szenetreff geworden, was nicht zuletzt an dem unglaublich leckeren Essen sowie den moderaten Preisen liegen mag. Neben Klassikern wie Falafel, Döner und Mousakka stehen hier Zucchinipuffer und Veggie-Burger sowie selbst gemachte Fritten und Limonade auf der Karte. Hölzerne Bänke und Stühle sowie frische Blumen auf den Tischen sorgen für ein gemütliches Flair. *Mo–Do 12–22, Fr, Sa 12–23, So 12–20 Uhr | Beim grünen Jäger 1 | Tel. 43 28 09 81 | www. mrkebab.hamburg | U 3 Feldstraße | St. Pauli*

POLOKANTINE [148 A2]

Winzig ist diese Kantine – und ihre Preise sind es auch. Nudeln, Eintöpfe und Salate kommen zackig auf die Tische, die erstklassige Pasta kostet um 6 Euro, das teuerste Gericht 6,90 Euro. Und weil die Bedienung so freundlich ist, fühlt sich das gemischte Publikum hier so richtig wohl. *Mo–Fr 12–16 Uhr | Bartelsstr. 26 | Tel. 43 17 96 36 | www.polokantine.com | S 11, 21, 31, U3 Sternschanze | Schanzenviertel*

SOUPERIA [148 A2]

Jeden Tag dampfen hier genau acht Suppentöpfe: Sechs der wohltuend würzigen Gerichte wechseln monatlich, die anderen zwei sogar jede Woche. Der Teller kostet ab 3,85 Euro, gegessen wird im Stehen. Wer nachwürzen will, bedient sich im Regal. *Mo–Fr 11–20, Sa 12–17 Uhr | Bartelsstr. 21 | Tel. 43 09 95 55 | www.souperia.de | S 11, 21, 31, U3 Sternschanze | Schanzenviertel (Souperia II: Friedensallee 28 in Ottensen)*

KNEIPEN

FILMHAUSKNEIPE [147 D3]

Die gegenüber der Zeisehallen gelegene Filmhauskneipe kann man von außen schnell übersehen – was schade wäre, denn es handelt sich in Wirklichkeit um ein richtig gutes Restaurant und einen echten Tipp für den knurrenden Magen am Mittag. Im ehemaligen Konferenzraum der „Schiffsschraubenfabrik Karl Theodor Zeise" gibt es viel Platz, im Sommer außerdem noch einen riesigen Hinterhof. Montags bis freitags freuen sich Magen und Geldbeutel über eine günstige Mittagskarte mit einfacher, saisonaler Kneipenküche und frischen Produkten. *Tgl. 12–1 Uhr (Küche bis 23 Uhr), Mittagstisch Mo–Fr 12–16 Uhr | Friedensallee 7 | Tel. 39 90 80 25 | www.filmhauskneipe.de | S-Bahn Altona | Ottensen*

GLORIA [148 A1]

Das Gloria am Rande des Schanzenviertels existiert seit über 20 Jahren – ein echter Hamburg-Klassiker mit insgesamt drei verschiedenen Räumen, die alle im gemütlichen Vintage-Stil gehalten sind. Unter der Woche gibt es leckeres Frühstück (ab 4,50 Euro) sowie einen guten und günstigen Mittagstisch, und am Sonntag trifft sich hier das halbe Viertel zum Brunch (14,90 Euro inkl. O-Saft oder Sekt, Reservierung wird

ESSEN & TRINKEN

empfohlen). Und noch ein Spartipp: **Am Sonntag kostet ab 15 Uhr jede Steinofenpizza nur 7 Euro!** *Mo–Fr 12–23, Sa, So 10–22 Uhr | Bellealliancestr. 31–33 | Tel. 43 29 04 64 | www.gloriabar.de | U2 Christuskirche | Eimsbüttel*

Insider Tipp

KNUTH [147 D3]

Das Knuth ist eine der beliebtesten Kneipen im quirligen Ottensen und meistens entsprechend gut besucht. Hier kann man bis 15 Uhr günstig und gut frühstücken (Espresso macchiato 1,80 Euro, Brötchen mit Butter 1,20 Euro, Bio-Ei 1,20 Euro), um dann anschließend so lange im kostenlosen WLAN abzuhängen, bis es Zeit wird für Snacks und Kuchen oder Bier und Longdrinks. *Mo–Sa 9–20, So 10–20 Uhr | Große Rainstr. 21 | Tel. 46 00 87 08 | www.dasknuth. com | S-Bahn Altona | Ottensen*

OLYMPISCHES FEUER TAVERNA [148 A2]

Rumpelig rustikal ist die Taverne am Schulterblatt, und die Inhaber können sich für nichts richtig entscheiden: Die Karte ist sowohl griechisch als auch italienisch, an den Wänden kleben HSV- und Pauli-Plakate, und die Silvestergirlanden an der Decke hän-

gen das ganze Jahr über. Schrabbelig ist das – und familiär. Und genau deswegen eine Institution, die seit Jahren mächtige Portionen zu guten Preisen anbietet. Die gefüllte Paprika ist schon ab 7,50 Euro und ein Souflaki-Spieß mit Zaziki und Salat schon ab 7,90 Euro zu haben, für Menschen mit großem Appetit auf Deftiges genau das Richtige. Pizza verlässt schon ab 6 Euro den Holzofen. Manchmal kommt die Mannschaft des FC St. Pauli hierher, um zu feiern. Dann ist Diamantopoulos Konstantinos ganz stolz – das hat er sich aber auch verdient. *Tgl. 12–2 Uhr | Schulterblatt 36 | Tel. 43 55 97 | Bus 3 Neuer Pferdemarkt | Schanzenviertel*

SCHACHCAFÉ BAHNHOF RÜBENKAMP [136 A3]

Spielen könnten die Gäste im dunklen Bahnhofsgebäude von 1913 stundenlang, denn neben Schach sind auch etliche Gesellschaftsspiele vorhanden. Lieber noch aber labt sich fast jeder Besucher an den **vorzüglichen Bratkartoffeln:** Die sind deftig und knusprig und kosten mit zwei Spiegeleiern 6,90 Euro. Für 4,90 Euro verlassen Spaghetti Carbonara, für 8,50 Euro der „Schach-Burger"

Insider Tipp

> www.marcopolo.de/hamburg

die wuselige Küche, für 2,10 Euro kommen Gemüse oder Kroketten extra auf die rustikalen Tische, dazu Staropramen-Bier vom Fass. Einfach klasse. *So–Do 8–2, Fr, Sa 8–4 Uhr | Rübenkamp 227 | Tel. 6 31 04 31 | www.schachcafe-hamburg.de | S 1, 11 Rübenkamp | Barmbek*

MENSEN

HAFENCITY UNIVERSITÄT [149 E5]

In der Premiumlage der Uni studieren Architekten, Stadtplaner und Vermessungsingenieure. In der Mensa gibt es neben vegetarischen und veganen Gerichten auch frische Pasta und Pizza (ca. 4–6 Euro). Das Café mit einer großen Terrasse mit Blick auf den Baakenhafen hat bis nachmittags geöffnet. *Mo–Fr 11–15, Café 8–17 Uhr | Überseeallee 16 | www.studierendenwerk-hamburg.de | U 4 HafenCity Universität | HafenCity*

MENSA CAMPUS [148 C1]

Das Essensangebot der Campus-Mensa im Wiwi-Bunker ist gut und günstig, neben drei abwechslungsreichen Hauptgerichten (eines davon vegetarisch) zum Preis um 4 Euro gibt es noch Pasta-, Gemüse- und Salat-Bar (0,60 Euro pro 100 g).

Praktisch ist der Haspa-Automat im Eingangsbereich und für Eltern, die in Ruhe essen wollen, die Kinderspielecke. *Mo–Fr 11–17.30 Uhr | Von-Melle-Park 5 | Tel. 45 03 95 81 | www.speiseplan.studierendenwerk-hamburg.de | S-Bahn Dammtor | Rotherbaum*

STUDIERENDENHAUS [140 C5]

Seit Jahrzehnten schon hält sich hartnäckig der Spitzname dieser Lokalität: Schweine-Mensa. Dabei ist das Essen hier nicht schlechter als in den zwölf anderen Verpflegungsstätten für Studenten. Und sie hat einen entscheidenden Vorteil: Hier ist immer ein Platz frei, denn sie ist die größte Mensa der Stadt. Nicht-Studierende zahlen einen Aufpreis – und können sich so an Suppen für 3,25 Euro wärmen oder zur Rinderroulade für 5,85 Euro greifen. *Mo–Do 11–15, Fr 11–14.30 Uhr | Von-Melle-Park 2 | www.studierendenwerk-hamburg.de | Bus 4, 5 Staatsbibliothek | Rotherbaum*

TU HARBURG [147 D4]

Auch auf der anderen Elbseite werden knurrende Mägen günstig gefüllt, Hauptgerichte kosten zwischen 4 und 6 Euro. Im Speiseraum der Techni-

---

Bild: Bodenständiges im alten Bahnhof – Schachcafé Rübenkamp

schen Universität stehen die Tische eng beieinander. Ungestört lästern lässt es sich hier also nicht, aber zur Kontaktaufnahme ist die Sitzanordnung förderlich. Wer noch einen Tipp für eine gute Party am Abend oder eine besonders angesagte Bar braucht, fragt einfach in die Runde. *Mo–Fr 7.45–15, Cafeteria bis 18 Uhr | Denickestr. 22 | www.studierendenwerk-hamburg.de | S 3, 31 Harburg Rathaus | Harburg*

RESTAURANTS

Insider Tipp

CENTO LIRE [130 A1]

Halb Trattoria, halb Café und davor eine meist vollbesetzte Terrasse mit Blick auf den neuen Karolinenplatz: Das Cento Lire ist eine wohlige und äußerst beliebte Location mittendrin im wuseligen, buntgemischten Karoviertel. Hier gibt's günstige Pizza und gute Pasta, für um 7,50 Euro wird man solide satt. Alternativ empfiehlt sich ein Blick auf die Antipasti-Theke, wo leckere Kleinigkeiten ab 4,50 Euro locken. Hinterher sollten Sie einen Kaffee mit perfekter *crema* trinken, und dann ist der Spaziergang durchs Viertel rund um die Marktstraße ein Muss – solch eine Vielfalt an coolen Designershops, guten Secondhand-, schönen Kitsch- und Kunstläden gibt es sonst nirgends in der Stadt. *Mo–Sa 11–15.30 u. 18–1 Uhr | Karolinenstr. 12 | Tel. 41 35 91 77 | www.trattoriacentolire.de | U 2 Messehallen | St. Pauli*

CLEVER!

> Probieren auf den Märkten

Wer lieber nascht und dies und das probieren möchte, kann in Hamburg eigentlich an jedem Tag der Woche über einen Wochenmarkt schlendern. Das lohnt allein schon, um sich mit leckerem Obst und Gemüse aus dem Alten Land zu versorgen. Es gibt sogar einen Nachtmarkt in der Stadt: Auf St. Pauli werden am Spielbudenplatz jeden Mittwoch ab 17 Uhr die Stände aufgebaut und wahlweise frische Bio-Möhren oder leckere Bio-Bratwürste (3,60 Euro) am Imbiss verkauft. Empfehlenswert ist auch der Isemarkt *(s. S. 71)*. Die Termine sämtlicher Märkte finden Sie unter *www.hamburger-wochenmaerkte.de.*

ESSEN & TRINKEN

GRILL OF ARABIA [148 A2]

Wer hier die syrische Küche einmal probiert hat, möchte künftig immer wieder vorbeischauen. Am besten bringt man ein wenig Zeit mit, setzt sich gemütlich hin, trinkt Tee aus kleinen, goldumrandeten Gläsern und studiert in Ruhe die Karte. Allein die Vorspeisen *(mazza)* haben es in sich: Schon ab 3,50 Euro gibt es Walnuss-Paprika-Mus, Tabouleh, frittierte Kichererbsen-Bällchen mit Sesamsauce oder eine gelbe Linsensuppe. Ab 8,90 Euro bekommt man köstliche Hauptspeisen, und zum Schluss sollten Sie unbedingt noch Platz für ein Stückchen Gebäck lassen, das zwar honigsüß und mit Pistazien belegt nicht diättauglich ist, aber einen echt orientalisch-arabischen Abschluss bildet. *Tgl. 12–24 Uhr | Heußweg 48 | Tel. 43 27 27 43 | www.grill-of-arabia.de | U2 Osterstraße | Eimsbüttel*

HATARI PFÄLZER STUBE [148 A2]

Wie der Name vermuten lässt, findet man Pfälzer Folklore in dieser Stube, doch gerade nur so viel, dass es sich Szenegänger hier gerne bequem machen. Sicher liegen Flammkuchen zu 8,60 Euro oder die feinen Burger mit einer Riesenportion Pommes zu 9,60 Euro (kleine Portion für 6,50 Euro) für manchen an der oberen Preisgrenze, sie sind dafür aber deftig und äußerst lecker. Die Einrichtung ist auf charmante Art altmodisch, die Gäste sind eher jung, und drumherum liegt eines der besten Ausgehviertel der Stadt. Mit solch einer soliden Grundlage kann die Nacht gerne lang werden. *Tgl. 12–23 Uhr | Schanzenstr. 2–4 | Tel. 43 20 88 66 | Bus 3 Neuer Pferdemarkt | Schanzenviertel*

HOPI [140 B3]

Steakhäuser gibt es viele in Hamburg, aber keines ist so günstig wie das rustikale Lokal in der Nähe der Grindelhochhäuser. 10,50 Euro kosten 200 g argentinisches Rindfleisch, die Beilagen sind im Preis inbegriffen – da wähnen sich Steakfans im Paradies. Wer's lieber vegetarisch mag, wählt den Pilzkopf, eine Grillkartoffel gefüllt mit Sour Cream für 7,60 Euro und, na klar, Pilzen. Allerdings ist eine Reservierung dringend empfohlen, denn abends sitzt hier meist die versammelte Nachbarschaft und genießt, und später kommen noch die Besucher des nahen Programmkinos dazu. *Di–Sa 17–23.30, So bis 21.30*

Uhr | Oberstr. 3 | Tel. 4200940 |
www.hopi-hamburg.de | U3 Hohe-
luftbrücke | Harvestehude

IL CAMMINO [148 A2]

Direkt gegenüber der Roten Flora
gelegen, sorgen im Il Cammino dun-
kele Holzmöbel, Eros-Ramazotti-
Musik und ein Wandgemälde des
letzten Abendmahls für viel italieni-
sches Flair. Auf der Karte finden sich
vor allem extrem leckere Pizza- und
Pasta-Varianten, die zur Mittagszeit
auch noch äußerst günstig angeboten
werden (6,90 Euro). *Tgl. 12-0 Uhr |
Schulterblatt 82 | Tel. 5071 9891 |
S 11, 21, 31, U3 Sternschanze |
Sternschanze*

JIMMY ELSASS [148 B1]

Das kleine Lokal am Rand des Schanzenviertels ist ein Ort für Genießer,
für solche, die einfache Gemütlichkeit zu schätzen wissen. Auf der
Karte steht nichts als Flammkuchen
– der aber dafür gleich in 15 Varian-
ten serviert wird: von einfach (Speck,
Zwiebeln) über kreativ (Ziegenkäse,
Rosmarin, Schinken) bis hin zu süß
(ab 8,90 Euro). Da die elsässische
Antwort auf die italienische Pizza
zwar hauchdünn, dafür aber sehr

groß ist, passt der lecker flambierte
Calvados-Apfel-Flammkuchen meist
nicht mehr. Gegessen wird nicht mit
Besteck, sondern mit der Hand – und
vorher wird alles mit einem scharfen
Pizzaschneider in mundgerechte Stü-
cke zerteilt. *Tgl. Juni–Aug. ab 17,
Sept.–Mai ab 18 Uhr | Schäferstr. 26 |
Tel. 44195965 | U2, 3 Schlump |
Eimsbüttel*

L'ORIENT [139 F3] Insider Tip

Dieses libanesische Restaurant ist
das Wohnzimmer der Eimsbütteler –
weil *mazza*, Lammfilet mit Joghurt-
Minze-Sauce oder Entenbrust auf
Feigencarpaccio so raffiniert und üp-
pig sind. Lecker und mit 6,90 Euro
(vegetarisch) bzw. 7,60 Euro (mit
Fleisch, Fisch oder Meeresfrüchten)
auch noch günstig sind die Mittagsgerichte *(Mo–Fr 12–16 Uhr)*. Sonntags wird gebruncht *(10–14 Uhr)* für
gerade mal 11,90 Euro. Auch die fili-
granen orientalischen Gebäckstück-
chen sind den Gang ins fliederfarbe-
ne Lokal unbedingt wert, das außerdem mit charmantem Service
punktet. *Mo–Fr 11.30–23, Sa, So
10–23 Uhr | Osterstr. 146 | Tel. 4328
1651 | www.restaurant-lorient.de |
U2 Osterstraße | Eimsbüttel*

MAN WAH [148 A4]

Dieses chinesische Restaurant direkt an der Reeperbahn ist keine Touristenfalle, sondern eine Institution für Asiaten und Szenegänger. Die bestellen hier meist Dim Sum (bedeutet „das Herz berühren"), köstliche Kleinigkeiten, die zwischen 3 und 8,30 Euro kosten, etwa gedämpfte Hefeteigklöße mit Hühnerfleisch, gefüllte Nudelteigtaschen oder leckere Fischbällchen. Chinesen und Wagemutige freuen sich über so exotische Spezialitäten wie geschmorte Hühnerfüße oder gebratene Froschschenkel. Das Essen ist sehr authentisch, die Einrichtung schick. Überschätzen Sie ihren Magen nicht: Diese kleinen Häppchen sind recht großzügig portioniert – so wird man preisgünstig satt. *So–Do 12–2, Fr, Sa 12–3 Uhr | Spielbudenplatz 18 | Tel. 3 19 25 11 | S 1–3 Reeperbahn, U 3 St. Pauli | St. Pauli*

NELSONS KAJÜTE [144 B3]

Blankenese at its best: Am Fuß des Treppenviertels im schicken Elbvorort finden Sie das sympathische Clubheim des Blankeneser Segelclubs mit kleinem Restaurant auf einem Schiff. Chef Sven Nielsen kocht regional, saisonal und preisbewusst, z. B. Steinbeißerfilet auf Blattspinat. Maritimes Ambiente gibt's gratis, im Sommer sitzt man an Deck und schaut auf die Elbe. Schnösel haben hier nichts zu suchen, hier geht es um Ausspannen, gute Gespräche übers Segeln, kurz: um echtes Hamburg-Feeling. *Jollenhafen Blankenese | in der Regel Di–Fr ab 16, Sa, So ab 11 Uhr | Tel. 86 62 52 86 | www.nelsons-kajuete.de | S 1, 11 Blankenese, Bus 48 Blankenese Fähre | Blankenese*

NOSTALGIA BEI SOTIRIS [147 D4]

Goldener Stuck an der Decke, dazu ein paar Tische – fertig ist das gemütliche Restaurant. Ein bisschen Kitsch gibt es höchstens im hinteren Zimmer. Zugegeben, viele kommen hierher, weil der Viertelliter Landwein nur 3,90 Euro kostet und dabei auch noch richtig gut schmeckt. Besonders in Kombination mit Brot und einer kleinen Vorspeise, die es meist aufs Haus gibt – eigentlich braucht es kaum mehr für einen gemütlichen Abend. Wer wirklich Hunger hat, ordert einen Fleischspieß zu 7,90 Euro und dazu Knoblauchkartoffeln für 3,30 Euro. Den Ouzo hinterher gibt's aufs Haus, ein kleines Dessert

auch. Besser lässt sich die griechische Küche kaum genießen. *Mo–Do 17–24, Fr, Sa 16–24, So 13–24 Uhr | Eulenstr. 49 | Tel. 39 90 74 67 | www. nostalgia-beisotiris.de | Bus 1, 250 Große Brunnenstraße | Ottensen*

OBERHAFENKANTINE [149 E5]

Keine Angst, das windschiefe Häuschen im Oberhafen kippt schon nicht um, es trotzt Sturm und Flut seit mehr als 80 Jahren. Tim Seidel und Sebastian Libbert betreiben die unter Denkmalschutz stehende Kaffeeklappe heute, und die traditionelle Hamburger Hausmannskost, die hier serviert wird, ist richtig lecker, wenn auch nicht ganz billig: Die Bratwurst wird mit Majoran gewürzt, und in die lokale Variante der Weißwurst

Eine große Auswahl vietnamesischer Köstlichkeiten gibt es im Sapa

kommt Hering. Hier wird Wert auf die Qualität der Zutaten gelegt – sie stammen, wann immer möglich, aus der Region. Auch wenn die Oberhafenkantine etwas abgelegen ist: Der Weg dorthin lohnt sich! *Di–Sa 12–22, So 12–17.30 Uhr | Stockmeyerstr. 39 | Tel. 32 80 99 84 | www.oberhafenkantine-hamburg.de | U 1 Steinstraße | HafenCity*

PHO DUC [149 F3]

Vietnam ist das kulinarische Frankreich Asiens: Filigran sind die Speisen, mit Bedacht gewürzt, am liebsten mit feinen Kräutern. In diesem vietnamesischen Restaurant in der Nähe des Hauptbahnhofs haben sich die Inhaber auf Pho (eine traditionelle vietnamesische Nudelsuppe) spezialisiert. Die wärmt und sättigt gleichermaßen, egal in welcher der Varianten sie serviert wird, ob mit Gemüse, Hühner- oder Rindfleisch. Immer dabei: die Reisnudeln und ein Extrateller mit Kräutern, frischen natürlich. Das billigste Gericht kostet 3,20, das teuerste 11,80 Euro, damit lässt sich's gut leben. *Mo–Sa 11–22.30 Uhr | Steindamm 103 | Tel. 63 67 74 00 | U 1 Lohmühlenstraße | St. Georg*

SAPA [148 B1] Insider Tipp

Zwischen Schlump und Sternschanze lockt ein guter Vietnamese, bestehend aus einem schlicht eingerichteten Raum voll aromatischen Gerüchen und einer Speisekarte, für die man schon mal 20 Minuten Bedenkzeit einplanen kann. Salat (z.B. mit Mango, Lotuswurzeln, Garnelen, Erdnüssen) für etwa 6 Euro, Reisbandnudelsuppe (macht pappsatt) zu 8,90 Euro, klingt alles fantastisch und schmeckt auch so. Mehr als ein Gericht zu bestellen, grenzt geradezu an Völlerei, besser ein wenig Platz lassen für ein Mango-Minz-Lassi zum Dessert. Nur die Weinauswahl ist dürftig. *Mo–Do 11.30–22, Fr bis 23, Sa 17–23, So 12–22 Uhr | Kleiner Schäferkamp 14 | Tel. 41 42 92 88 | www.sapahamburg.de | U 2, 3 Schlump | Eimsbüttel*

SPIESSEREI [148 C1]

Hier wird man ganz schnell zum Spießer, denn in dem wunderschönen Altbau-Ladenlokal an der Grindelallee kommen Spießvariationen auf den Grill: Rind, Scampi, Hähnchen, Lamm oder Gemüse werden köstlich gewürzt auf dem Holzspieß serviert. Das ist nicht nur wahnsinnig lecker,

sondern auch sehr günstig: Bis 17 Uhr gilt das Mittagstisch-Angebot mit Preisen zwischen 5 und 8 Euro. Aber auch die Abendkarte ist mit dem Hähnchenteller (vier Spieße, Pommes, Salat und Dip) für 8,50 Euro oder der vegetarischen Variante (Gemüse und Halloumi) für 8,90 Euro noch preiswert. Und von donnerstags bis samstags wird um 21 Uhr die Happy Hour eingeläutet, diverse Longdrinks gehen dann für 4,90 Euro über den Tresen. Prost! *Mo–Sa 11.30–22.30 Uhr | Grindelallee 32 | Tel. 36 11 12 84 | www.spiesserei.de | Bus 4, 5 Universität/Staatsbibliothek | Grindel*

THANG LONG [140 C5] Insider Tip

Vietnam muss irgendetwas mit Vitaminen zu tun haben, auf diesen Gedanken könnte man zumindest im

CLEVER!

> *Gutes in Betriebskantinen*

Neben öffentlichen Locations wie der Oberhafenkantine gibt es auch Betriebskantinen, die für alle zugänglich sind; die Preise liegen in der Regel zwischen 1,25 Euro (Suppe) und 6,40 Euro (Fleisch- und Fischgerichte). Am Meisten gelobt wird die **Kantine der Behörde für Stadtentwicklung und Umwelt** *(Mo–Fr 11.30–14 Uhr, Neuenfelder Str. 19)*. Hier bietet sich nach dem Essen ein Spaziergang durchs Viertel an, um dann zum Kaffee den Energiebunker zu besteigen *(s. S. 38)*. Die **Kantine der HHLA** *(Mo–Fr 6.30–11 u. 11.30–14 Uhr, Holländischer Brook 3/4, Block U)* gilt als die schönste, weil sie in der Speicherstadt auf einem der historischen Speicherböden liegt. Gut frequentiert ist die **Kantine des Deutschen Schauspielhauses** am Hauptbahnhof *(Mo–Fr 11.30–15 Uhr, Kirchenallee 39)*. Während der Mahlzeit lässt sich prima der nächste Theaterbesuch planen. Direkt an der Elbe, mit fantastischem Blick auf Möwen und Containerschiffe, findet sich die **Slowman Canteen** *(Mo–Fr 12–14.30 Uhr, Neumühlen 17)* des Verlagshauses Edel. Hier gibt es an jedem Werktag ein vegetarisches und ein nicht-vegetarisches Gericht für günstige 6,90 bzw. 7,90 Euro, außerdem ist permanent vegetarisches Sushi (7,90 Euro) im Angebot.

ESSEN & TRINKEN

Thang Long kommen. Herrlich fruchtige Salate mit Mango, Papaya und Minze sind auf jeden Fall gut gegen Hamburger Wetterblues. Was der flinke Service auf die hellen Tische stellt, ist bunt oder wärmt ordentlich auf, wie etwa der Ingwertee mit frischen Orangenstückchen oder die Sommerrollen mit Früchten, Gemüse, Garnelen, frischen Kräutern und Fleisch. Gerichte wie diese kosten um 7 Euro, in Anbetracht der Qualität supergünstig. *Mo–Fr 11.30–22.30, Sa, So 15–22.30 Uhr | Grindelallee 91 | Tel. 43 27 18 52 | www. thanglong-one.de | Bus 4, 5 Grindelhof | Rotherbaum*

SELBSTBEDIENUNG

KUMPIR KÖNIG   [140 C5]

Klar, die Kartoffel ist ein äußerst vielseitiger Genuss. Man kann sie braten, frittieren, kochen und backen, kalt oder warm essen. So wie im Kumpir wird der leckere Erdapfel aber selten serviert: als große Backkartoffel aufgeschnitten, das Innere mit einem Klecks Crème fraîche oder gesalzener Butter und geriebenem Käse verrührt, obendrauf kommen je nach Wahl Gemüse, Fleisch, Sauce, frische Kräuter oder alles zusammen.

Nahrhaft, lecker und bei einem Grundpreis von 2,90 plus Extras mit maximal 4,50 Euro auch richtig günstig. *Tgl. 11–22 Uhr | Grindelhof 8 | Tel. 41 35 23 41 | Bus 4, 5 Grindelhof | Rotherbaum*

MAM   [148 A2]

„Mam" heißt auf Griechisch abgekürzt Mama, und Mama kocht bekanntlich am besten. Im modern-minimalistisch eingerichteten Schnellrestaurant kommen griechische Imbiss-Klassiker wie Gyros und Souvlaki (als Pita 4,50 Euro) aufs Tablett (und zwar wortwörtlich: Teller gibt es hier keine!), aber auch weniger bekannte Köstlichkeiten wie mit Käsecreme gefüllte Hackröllchen, griechische Bauernwurst oder Schafskäse in Blatterteig mit getrockneten Tomaten. Beim Zeus, das ist alles ultralecker und die Preise superfair! Und wer am Wochenende nach der Kneipentour noch einen Mitternachtssnack braucht: ==Freitags und Samstags dreht sich der Gyros-Spieß bis 2 Uhr.== **Insider Tipp** *So–Mi 11–23, Do 11–23.30, Fr, Sa 11–2 Uhr | Schulterblatt 10 | Tel. 65 04 00 55 | www.mam-eatgreek.de | S11, 21, 31 Sternschanze, U3 Sternschanze/ Feldstraße | Sternschanze*

BULLEREI-DELI   [148 B2]

In Tim Mälzers und Patrick Rüthers Restaurant Bullerei, zentral zwischen Messe und Schanzenviertel gelegen, lässt sich große Küche auch mit (relativ) kleinem Geldbeutel genießen. Wer die Kochkunst von Mälzer und Team erleben möchte, geht einfach mittags möglichst früh ins Bullerei-Deli, denn Reservierungen werden dort nicht angenommen. Dann darf in den historischen Hallen geschlemmt werden. Die meisten Gerichte kosten zwischen 10 und 20 Euro, Lasagne Bullerei-Style z. B. oder Paderborner Maishähnchen mit Spitzpaprika, Blattspinat und Drillingen, danach ein Apple Crumble zu 5,50 Euro. Die Karte wechselt, ein Alster kostet gerade mal 2,50 Euro. *Tgl. 11–24, Mittagstisch Mo–Fr 12–15 Uhr | Lagerstr. 34 b | Tel. 33 44 21 10 | www.bullerei.com | S 11, 21, 31, U 3 Sternschanze | Schanzenviertel*

FILLET OF SOUL   [131 F4]

Dieses moderne Restaurant bei den Deichtorhallen ist bekannt für seine kreativen Gerichte. Und dafür, dass hier in lässiger Atmosphäre Hochklassiges preisgünstig auf die Teller kommt. Natürlich auch in die Gläser: Im Fillet of Soul stehen Weine zur Auswahl, die sonst wahrscheinlich in ganz Hamburg nicht zu bekommen sind. Early-Bird-Tipp: Wer ab 18 Uhr speist und vor 20 Uhr die Rechnung ordert, bekommt 15 Prozent Rabatt. Noch günstiger wird es zum Mittagstisch *(Mo–Fr 12–15, Sa, So 12–16 Uhr)*: 9 Euro kosten dann etwa Steckrübeneintopf mit Kassler, frischem Meerrettich und Liebstöckel – klasse! *Mo 11–15, Di–Sa 11–24, So 11–18 Uhr | Deichtorstr. 2 | Tel. 70 70 58 00 | www.fillet-of-soul.de | U-und S-Bahn Hauptbahnhof | Klostertor*

HENSSLER & HENSSLER   [147 F4]

Vater Werner und die beiden Söhne Steffen und Peter Henssler servieren im coolen Ambiente am Hafen ihre Cuisine Pacifique samt dem besten Sushi jenseits von Nippon. Auch hier gilt: Mittags ist die feine Küche bezahlbar. So kostet ein Mittagsmenü aus Vorspeise und Hauptgang inklusive Wasser und Kaffee gerade mal 25 Euro. Wer sich noch einen Nachtisch gönnen will, nimmt das

Insider Tipp

LUXUS LOW BUDGET

Kokosparfait mit Passionsfrucht zu 9,50 Euro. Alles knackfrisch, alles superlecker, und am Nebentisch sitzt auch schon mal ein Promi. *Mo–Sa 12–15 u. 18–23.30 Uhr | Große Elbstr. 160 | Tel. 38 69 90 00 | www.hensslerhenssler. de | Bus 383 Sandberg | Altona*

REXRODT [149 F1]
Das Rexrodt ist eine elegante Location, und mittags ist der Schick sogar bezahlbar – wenn es etwa Coq au Vin oder Lachsfilet auf Möhren zu je 12 Euro gibt. Fürs Lunchmenü mit Vorspeise (Suppe, Salat oder Sülze) und Dessert (etwa warmer Birnencrumble mit Eis) und einem Getränk werden 20,50 Euro verlangt. *Mo–Do 12–15 u. 18.30–23, Fr, Sa 12–15 u. 17.30–23.30 Uhr | Papenhuder Str. 35 | Tel. 2 29 71 98 | www.restau rant-rexrodt.de | Bus 6, 37, 172, 173 Mundsburger Brücke | Uhlenhorst*

Feine Küche, mittags bezahlbar: Henssler & Henssler

> **Kleine preiswerte Geschäfte, günstige Designer-shops: Hier steht, wo Sie billig einkaufen können**

Flanieren am Jungfernstieg, ein Bummel durch die Designershops in Winterhude und Eppendorf oder Stöbern in den urigen Antiquitäten- und Souvenirläden nahe bei den Landungsbrücken – keine Frage, Hamburg ist das Shopping-Mekka des Nordens. Da ist es natürlich klar, dass auch viele günstige Gelegenheiten auf den Reisenden (und den preisbewussten Hanseaten) warten. Rund 20 000 Unternehmen sind im Einzelhandel tätig, darunter viele Secondhand-Läden, kleine preiswerte Geschäfte, aber auch Ableger größerer Ketten, die mit günstigem Sortiment und Sonderangeboten locken.

Dazu kommen typisch hanseatische Unternehmen wie die urige Flaschenschiff-Manufaktur Buddel-Bini oder das kleinste Kaufhaus diesseits des Ozeans mit Discounttarifen. Und natürlich Hamburgs verlockende Märkte, allen voran der Fischmarkt direkt unten am Hafen. Wer nicht einmal eine Samstagnacht auf dem Kiez durchgemacht und anschließend auf dem Fischmarkt seinen Kaffee (oder ein letztes Bier) getrunken hat, der hat Hamburg verpasst. Auf den folgenden Seiten nennen wir Shopping-Highlights sowie gute preisgünstige Spezialisten, die man alleine kaum findet.

SHOPPEN

ACCESSOIRES & MODE

RUDOLF BEAUFAYS [130 C2]

Soll's mal was Besonderes sein? Dann sind Sie hier richtig: very British, dieser Shop! Auf zwei Etagen wird bei Rudolf Beaufays klassische Mode von der Insel aus zweiter Hand angeboten. Auch wenn man einen ganz eigenen Geschmack haben muss, um sich für die Tweed und Karoklamotten zu erwärmen – Preise und Qualität können so manchen Zauberer überzeugen. Ob Cordsakkos für 40, Trenchcoats für 50 oder Tweedsakkos ab 35 Euro: An guter und günstiger Ware mangelt es garantiert nicht. *Mo–Fr 12–18, Sa 11–16 Uhr | Büschstr. 9 | Tel. 35 71 59 77 | www.rudolf-beaufays.de | U2 Gänsemarkt | Neustadt*

SECOND SCHANZE [148 A1]

Um dieses Geschäft zu erreichen, müssen Sie die Weidenallee ganz hinuntergehen und dabei aufpassen, nicht in einem der vielen Cafés oder Modeshops der niedlichen Straße stehenzubleiben. Es lohnt sich nämlich, ganz bis zum Secondhand-Laden zu gehen. Die Qualität und Auswahl der Kleider, Jacken und Pullis ist top und bezahlbar. Mehr als 100 Euro kosten nur die ganz edlen Teile. *Di–Fr 11–19, Sa 11–16 Uhr | Weidenallee 54 | Tel. 43 27 64 34 | www. secondschanze.de | S 11, 21, 31, U3 Sternschanze | Eimsbüttel*

VINTAGE & RAGS [131 E2]

Hier heißt es „Love it or hate it", denn entweder man steht auf die knallbun-

ten Outfits der späten 60er und 70er, oder eben nicht. Wer aber Freude an etwas abgedrehter Mode hat, der kann in diesem Geschäft glücklich werden. Ob Handtaschen, Retrokleider, Uniformhemden oder Trainingsjacken ab 20 Euro, es ist einfach unglaublich, was für Klamotten sich hier auftreiben lassen. Auch wenn nicht alles alltagstauglich ist: Für die nächste Mottoparty findet sich bestimmt was Passendes. Und da alles

Secondhand-Ware ist, wird der Einkauf garantiert nicht zu teuer ausfallen. *Mo–Fr 11–20, Sa 10–20 Uhr | Kurze Mühren 6 | Tel. 33 01 07 | www.vintage-rags.de | S- und U-Bahn Hauptbahnhof | St. Georg*

KULINARIA
BEYOND BEER [148 A1]
In den deckenhohen Regalen des schicken Shops stehen über 300 Biere von unabhängigen Brauereien aus aller

CLEVER!
> **Stöbern auf den schönsten Flohmärkten**

Auf den Hamburger Flohmärkten findet man immer ein Schnäppchen. Für St. Paulianer gehört es zum samstäglichen Ritual, vor dem Wochenendeinkauf auf der **Flohschanze** *(Sa 8–16 Uhr, Neuer Kamp 1)* vorbeizuschauen. Zuverlässig jeden Sonnabend findet dieser Flohmarkt auf dem Gelände des alten Schlachthofs statt. Hier verkaufen Studenten ihre Bücher, Fashion Victims ihre Klamotten vom Vormonat und junge Eltern die ersten Babysachen. Echte Trödelhändler und Bilder von röhrenden Hirschen gibt es natürlich auch. Schnäppchenjäger pilgern zum **Flohmarkt am**

Turmweg *(April u. Sept., Turmweg/Rotherbaum)*, der zweimal im Jahr stattfindet. Dort verkaufen die Bewohner des edlen Stadtteils Rotherbaum ihre meist gut erhaltenen Dinge vom Dachboden, darunter viele tolle Anziehsachen. Richtig nett ist der **Anwohner-Flohmarkt am Else-Rauch-Platz in Eimsbüttel** *(Feb.–Okt. immer am letzten So/Monat, www. else-rauch-platz.de)*. Dort gibt es in der Mitte einen Spielplatz, auf dem der shoppingmüde Nachwuchs toben kann. Alle Flohmarkt-Termine stehen in der Saison unter *www.hamburg.de/floh markt* oder in den Tageszeitungen.

Inside Tipp

Welt, darunter auch etliche aus Hamburger Produktion wie z. B. der „Mitschnacker" von der Hamburger Brauerei Buddelship. Bereits ab 1,69 Euro geht hier der Wunsch „I wish you were beer" in Erfüllung. Wohl bekomm's! *Di–Fr 13–20, Sa 10–20 Uhr | Weidenallee 53–55 | Tel. 81 95 56 51 | www.beyondbeer.de | U2 Christuskirche | Eimsbüttel*

EUROWEINKONTOR [149 E3]
Wer auf der Suche nach einem flüssigen Mitbringsel ist und dabei edlen Tropfen aus Europa den Vorzug gibt, dürfte hier fündig werden. Zumal einem die Entscheidung recht leicht gemacht wird: 🐷 Bei der mehrmals im Jahr stattfindenden **Weinverkostung** ist jeder willkommen und darf sich durch eine Auswahl von vielen verschiedenen Kreszenzen probieren – vollkommen gratis (Termine siehe Website). *Mo–Fr 11.30–19, Sa 10–16 Uhr | Danziger Str. 37–39 | Tel. 49 22 26 00 | www.euroweinkontor.de | U1 Lohmühlenstraße | St. Georg*

insider tipp

GOLDBEKUFER WOCHENMARKT [141 E2]
Wer auch im Urlaub zwischendurch gern mal knackiges Obst nascht, sollte sich hier umschauen: Viele Ei-

generzeuger aus dem Alten Land sorgen für Qualität und Frische. Das Angebot reicht von Obst- und Gemüsespezialitäten über die Leckereien der Pastafrauen bis hin zu köstlichen Tartes, vom Glückstädter Matjes für 1 Euro das Stück bis zum Päckchen Ostfriesentee (100 g 3,30 Euro), das gleich als Mitbringsel dient. Wie auf anderen Märkten gilt: Feilschen ist nicht nur erlaubt, sondern erwünscht – wer sich traut, kauft günstiger. *Di, Do, Sa 8.30–13 Uhr | Goldbekufer | U3 Borgweg | Winterhude*

ISEMARKT [140 C2]
Der schönste Wochenmarkt Hamburgs ist der 1 km lange Isemarkt. Wer drüberschlendert, wird auch bei Schietwetter nicht nass, weil er unter einem U-Bahn-Viadukt entlangführt. Auf dem Isemarkt gibt es einfach alles: üppige Blumenstände, Honig aus dem Alten Land, Marmeladen-Delikatessen, Käsespezialitäten aus Frankreich und der Schweiz, mittendrin auch Hobbyhändler mit selbst gestrickten Socken oder feinen Tüchern, Bio-Brot, Wurstspezialitäten und – Bonbon Pingel! Wer hier einen Beutel Kekse (ab 2,50 Euro), Pralinen, Trüffel oder Lakritze erstehen

will, muss sich in den Dreier- oder Viererreihen einordnen, denn Pingel ist bei großen und kleinen Süßigkeitenfans beliebt. Seit 1920 backt die Familie die köstlichen Kekse, und die witzigen Keks-Anhänger, die Tochter Pingel entwirft, sind ein schönes Mitbringsel. Einen günstigen Mittagssnack holt man sich an einer der vielen – auch veganen – Imbissbuden. *Di u. Fr 8.30–14 Uhr | Isestr. | U3 Eppendorfer Baum/Hoheluftbrücke | Hoheluft*

KONDITOREI HOLGER RÖNNFELD [148 A3]

In dieser kleinen Konditorei kaufte schon Volksschauspielerin Inge Meysel ihren Kuchen. Mittlerweile ist das Geschäft – Gentrifizierung live – eingerahmt von Bäckereiketten, doch zum Glück bleiben die meisten St. Paulianer Rönnfeld treu. Und so gibt es weiterhin selbst gebackene Brötchen (auch sonntags), Gebäck und Schokoladen mit Marzipan-Figuren, die je nach Betrachtungsweise an Meerjungfrauen oder leichte Mädchen erinnern und auf jeden Fall ein originelles Hamburg-Souvenir sind (ab 4,50 Euro). *Mo–Fr 6.30–13 u. 14–18, Sa 6.30–16, So 8–ca. 14 Uhr | Hein-Hoyer-Str. 52 | Tel. 31 35 36 |* *www.hochzeitstorten-hamburg.de | U3 St. Pauli | St. Pauli*

MARKTZEIT IN DER FABRIK [147 D3]

Eine tolle Idee: Das Hamburger Geschwisterpaar Marie Biermann und Max Schittek hat den Trend des Nachbarschaftsmarktes aus New York nach Ottensen gebracht. Das Konzept: Nur regionale oder fair hergestellte Waren aus kleinen Manufakturen werden verkauft. Im Kulturzentrum Fabrik gibt es z. B. Schnäpse aus Norddeutschland, Honig aus Hamburg (in der Stadt gibt es einen regen Imkerverband), handgeschöpfte Schokoladen und junge Designermode. Richtig nett wird es, wenn mittags die Livemusiker spielen. *Sa 9.30–15 Uhr | Barnerstr. 36 (im Kulturzentrum Fabrik) | www. marktinderfabrik.de | Bus 2, 150 Fabrik | Ottensen*

RINDCHEN'S WEINKONTOR OUTLET [147 E4]

Ein Paradies für Weintrinker und Sparfüchse, direkt am Fischmarkt: Im Outlet des Weinhändlers Rindchen's Weinkontor werden edle Tropfen, von denen in den Filialen nur noch wenige Flaschen vorhanden

sind, zwischen 10 und 70 Prozent reduziert verkauft! Klar, dass sich hier echte Schnäppchen machen lassen – bei hervorragender Qualität. Tipp für zu Hause: Jeden dritten Donnerstag im Monat werden exklusiv auf der Internetseite Weine zu zwei Dritteln des Originalpreises angeboten. Dort wartet auch eine Fundgrube, wo's Restposten noch günstiger gibt! *Mo–Fr 11–19 | Sa 10–16 Uhr | Große Elbstr. 135 | Tel. 30 06 09 00 | www. rindchen-outlet.de, Onlineshop: www.rindchen.de | Bus 111 Kreuzfahrtterminal | Altona |*

ST. PAULI FISCHMARKT   [148 A4]

„Dat giwt nix wat op'n Fischmarkt nich to kriegen ist!" Die Traditions-Location unten am Hafen mit ihren Marktschreiern, dem bunten Angebot und der Fischauktionshalle gehört nach einer durchzechten Nacht auf der Reeperbahn zum Pflichtprogramm vieler Hamburg-Besucher. Tipp: Gegen halb zehn, kurz vor Marktschluss, werden viele Leckereien besonders günstig verschleudert. *Mitte März–Mitte Nov. So 5–9.30, Nov.–März So 7–9.30 Uhr | St. Pauli Hafenstr./St. Pauli Fisch-*

markt/Große Elbstr. | www.hamburg. de/fischmarkt | S 1–3, U3 Landungs- brücken | St. Pauli

OUTLETS ▰▰▰▰

GÖRTZ OUTLET [150 A2]

„You can't buy happiness, but you can buy shoes" – und wenn diese dann noch so günstig sind wie beim Görtz Outlet im Hamburger Stadtteil Hohenfelde – hier gibt es 10 bis 50 Prozent Rabatt auf reguläre Preise –, dann stellt sich ganz schnell die Frage, wo man noch einen weiteren Koffer für die Rückreise herbe- kommt. Und falls Sie vor lauter Be- geisterung ohnmächtig werden, ist das auch kein Problem: Das Marien- krankenhaus ist direkt nebenan. *Mo– Fr 10–19, Sa 10–18 Uhr | Lübecker Str. 101 | Tel. 2507064 | S 1, 11 Landwehr, U1 Wartenau, U3 Lübe- cker Straße | Bahrenfeld*

KAUF DICH GLÜCKLICH OUTLET [148 A2]

Alles, was das Hipster-Herz begehrt. Neben zwei regulären Filialen mit eher hochpreisigem Angebot – der neuste Urban Style hat seinen Preis – befindet sich in Hamburgs hippstem Viertel, der Schanze, auch noch ein leicht versteckter Outlet-Store. 30 bis 70 Prozent Rabatt gibt es hier auf Teile der letzten Saison – das lohnt sich! *Do–Sa 11–19 Uhr | Bartelsstr. 55 | Tel. 43098391 | www.kaufdich gluecklich-shop.de/hamburg | S 11, 21, 31, U 3 | Sternschanze*

RUNNERS POINT OUTLET [143 D4]

Sport- und vor allem Laufschuh-Fe- tischisten aufgepasst: In der Wands- beker Outlet-Filiale von Runners Point gibt es Lifestyle- und Sport- schuhe sowie Funktionstextilien für den laufenden Teil der Bevölkerung zu echten Schnäppchenpreisen. Die Auswahl schwankt outlettypisch, mal gibt es echte Superschnapper, mal ist die Auswahl eher mau. Vor- beischauen lohnt aber alle Male. *Mo–Fr 10–19, Sa 10–18 Uhr | Wandsbeker Marktstr. 69–71 | Tel. 88174048 | www.runnerspoint.de | S1, U1, U11 Wandsbeker Chaus- see | Wandsbek*

SOUVENIRS & KRAM ▰▰▰▰

BUDDEL-BINI [141 D1]

Wenn ein Mitbringsel aus Hamburg gefragt ist und es dann ein Buddel- schiff sein soll, leisten Sie sich die kleine Exkursion in die Barmbeker Straße. Dort residiert in völlig hafen-

fernem Ambiente das Familienunternehmen der Familie Binikowski. Vater Binikowski gründete das Geschäft 1976 und überlässt das Buddelschiff-Zusammenbauen inzwischen seinen drei Töchtern. Die Schiffe sind preiswert ab 4,50 Euro zu haben und von guter Qualität. *Mo–Fr 10–18, Sa 10–14 Uhr | Barmbeker Str. 171 | Tel. 46 28 52 | www.buddelbini.de | U 3 Sierichstraße | Winterhude*

ELBUFER   [130 A4]

Der Souvenirshop im Portugiesenviertel hat die witzigste Auswahl an Hamburg-Mitbringseln, dazu viele Stücke von unbekannten Hamburger Designern. Spezialität des Ladens sind die maritimen Messingartikel, die sich perfekt als Mitbringsel eignen, z.B. eine echte Bootsmannpfeife (4,95 Euro), ein Nebelhorn (8,50 Euro) oder ein Anker-Wandhaken (2,50 Euro). *Mo–Fr 11–18, Sa 10–16 Uhr | Ditmar-Koel-Str. 32 | Tel. 3 19 69 61 | www.elbufer.de | S 1–3, U 3 Landungsbrücken | Neustadt*

insider ipp

HAMBURGS KLEINSTES KAUFHAUS   [147 D3]

Kaufhäuser haben es derzeit nicht leicht, der Trend geht eher zur coolen Shopping-Mall oder zur preisaggressiven Kette. Hamburgs kleinstes Kaufhaus bleibt davon völlig unberührt. Im kunterbunten Ottensen brummt es zufrieden vor sich hin und bietet in den fünf verwinkelten Räumen einer Altbauwohnung vornehmlich Dinge, wie man sie in den 1970ern oder früher geliebt hat. Vom alten Tafelgeschirr über Silberbesteck, Likörgläschen, Lampen bis hin zu Textilien und Taschen ist alles zu haben, das Preisspektrum liegt zwischen 50 Cent und 1000 Euro (Letzteres für einen Kronleuchter aus Messing), mit klarer Tendenz zum unteren Level. Der Chef und seine Lebensgefährtin bedienen selbst, das Ganze ist billig und urgemütlich. Schön zum Stöbern und eine Fundgrube für Kuriositäten und Mitbringsel. *Di–Fr 10–18.30, Sa 12–16 Uhr | Bahrenfelder Str. 207 | Tel. 3 90 34 85 | www.hamburgs-kleinstes-kaufhaus.de | Bus 2, 150 Friedensallee | Ottensen*

HANSEPLATTE   [148 B3]

In der Hanseplatte am beliebten „Lattenplatz" zwischen Schanzen- und Karolinenviertel gibt es hauptsächlich Musik aus Hamburg zu kaufen, dazu aber auch maritime Mode

---

Bild: Schöne Sachen aus alten Tagen – Hamburgs kleinstes Kaufhaus

und eine handverlesene Auswahl mit den coolsten Hamburg-Souvenirs der Stadt, z. B. Anker-Schlüsselanhänger für 5 Euro oder einen schicken Anker-Flaschenöffner für 8 Euro. *Mo–Fr 11–19, Sa 10–18 Uhr | Neuer Kamp 32 | Tel. 28 57 01 93 | www. hanseplatte.de | U3 Feldstraße | St. Pauli*

KAUFHAUS HAMBURG [149 E3]

Ihr Hamburg-Besuch nähert sich dem Ende, und es müssen noch Souvenirs besorgt werden? Dann empfiehlt sich ein Besuch im Kaufhaus Hamburg. Hier gibt es nämlich nicht den üblichen Touri-Nepp-Kram, den man an den Landungsbrücken findet, sondern stilvolle Hamburg-Mitbringsel für jeden Geldbeutel. Besonders beliebt sind die Postkarten mit Hamburger Schnack (ab 1,50 Euro) oder die Poster mit geschmackvollen Hamburg-Motiven von Hafen, Speicherstadt, Landungsbrücken & Co. (ab 12,50 Euro). Nachdem Sie für sich selbst und alle Daheimgebliebenen etwas Passendes gefunden haben, sollten Sie sich für einen Bummel über die Lange Reihe, der Hauptschlagader von St. Georg, Zeit nehmen. Viele kleine Geschäfte mit ungewöhnlichen Angeboten wechseln sich hier ab mit einer großen Auswahl an gastronomischen Optionen. *Mo–Fr 11–19, Sa 10–19 Uhr | Lange Reihe 70 | Tel. 22 81 56 69 | www.kaufhaus-hamburg.de | U1 Lohmühlenstraße | St. Georg*

SENATOR WATRIN [148 B2]

In der Markstraße im Karo(linen)viertel gibt es (noch) allerhand ungewöhnliche Läden, der schrulligste ist aber mit Abstand das Galerielokal Senator Watrin. Betreiber Stephan Watrin hat hier über Jahre eine absolut schräge Mischung aus Trödelmarkt, Antiquitätenladen und Kunstaustellung geschaffen: Wer stöbert, findet alte Postkarten und Zeitschriften, Schaufensterpuppen und Gartenzwerge, Tierschädel und Landkarten und immer wieder alte Drucklettern. Dazwischen stehen blinkende und funkelnde Drahtkunstwerke vom Inhaber selbst. Das alles kann man nicht nur bestaunen, sondern auch kaufen, und zwar je nach Gegenstand und Wert schon für ganz kleine Münze. *Mo–Sa 11–20, So. 12–19 Uhr | Marktstr. 29 | Tel. 43 18 47 53 | www.senatorwatrin.de | U3 Feldstraße | St. Pauli*

Bild: Coole Hamburg-Souvenirs – erhältlich in der Hanseplatte

78 | 79

D'OR [140 C3]

Einer der schönsten und bestbestückten Nobel-Secondhand-Läden Hamburgs liegt mitten in Eppendorf: Hier sind all die teuren Stücke zu finden, die von ihren Vorbesitzerinnen nur ein- oder zweimal getragen wurden, etwa Prada-Blusen oder Prada-Taschen. Von Gucci über Donna Karan bis Chloé, von Chanel über Dolce & Gabbana bis Hermès – so gut wie keiner der großen Designer fehlt im Angebot. Das Tolle: Die meisten Stücke sind nicht älter als eine Saison, manche sogar aus aktuellen Kollektionen. *Mo–Fr 10–19, Sa 10–18 Uhr | Eppendorfer Baum 6 | Tel. 46 88 19 63 | www.d-or. de | U1 Klosterstern | Eppendorf*

FASHION ART [146 C2]

Hier finden Frauen alles für den großen Auftritt: lange Abendkleider aus fließenden Stoffen, ausgefallene Cocktailkleider und das passende Zubehör wie Boleros und Stolen. Die Preise können sich wirklich sehen lassen, denn die eleganten Stücke sind oft um die 50 Prozent, manchmal sogar noch stärker reduziert. Die Nobelteile stammen meist von deutschen Designern – teilweise sind die Etiketten herausgetrennt, oder die Kleider werden unter der Hausmarke vertrieben. *Fr, Sa 10–18 Uhr | Gasstr. 8-16 | Tel. 33 31 07 95 | www.fashionart-hamburg.de | S 1, 11 Bahrenfeld | Bahrenfeld*

JIMMY VINTAGE & FRIENDS [148 C1]

„First class drinks, second hand clothes" lautet das Motto von Inhaber und Szene-Original Jimmy, der in seinem Laden ein regelmäßig wechselndes Angebot von tollen Vintage-Schnäppchen präsentiert. Dazu gibt es eine ebenso bunte Auswahl an handverlesenen Weinen, aber auch Schuhe und Naturkosmetik. *Mo–Fr 12–20, Sa. 11–16 Uhr | Hartungstr. 20 | Tel. 71 66 49 55 | www. jimmyhamburg.de | U 1 Hallerstraße | Grindel*

OLIVER GREY OUTLET [134 B4]

Ob Gordon & Bros, van Bommel, Prime Shoes oder Paul Smith, die rahmengenähten Schuhe namhafter Hersteller und der Hausmarke werden hier bis zu 50 Prozent unterm üblichen Ladenpreis

LUXUS LOW BUDGET

offeriert. Ausgewählte Restpaare gibt es schon ab 149 Euro, die Beratung durch die kompetenten Verkäufer ist ausgezeichnet. *Mo–Sa 10–20 Uhr | Nedderfeld Center, Nedderfeld 70 | Tel. 46 77 63 88 | www.olivergrey.com | Bus 281 Nedderfeld Center | Eppendorf*

SECONDELLA   **[130 C2]**
Dieser 1970 gegründete Secondhand-Laden liegt mitten im ABC-Viertel, einer erstklassigen Adresse für exklusive Shoppingtouren. Er gehörte zu den ersten seiner Art in Hamburg und ist noch immer absolute Spitze, wenn es um edle Designerklamotten und hochwertige Accessoires aus zweiter Hand geht. Ob verspieltes Abendkleid von Marc Jacobs, eine Handtasche von Hermès oder wildlederne Gucci-Pumps: Es macht Spaß, einen Blick auf die Auslagen zu werfen. Und wenn beim Stöbern auf der Website ein Stück besonders gut gefällt, kann es gleich per Mail reserviert werden. *Mo–Fr 10–19, Sa 10–18 Uhr | Hohe Bleichen 5 | Tel. 35 29 31 | www.secon della.de | S 1–3, U 1, 2 Jungfernstieg | Neustadt*

Insider Tipp

Schickes Outfit aus zweiter Hand: Secondella

> **Das Nachtleben beginnt im Sommer gerne schon mittags – für lau. Später wird's dafür umso heißer**

Liveclubs, Tanzschuppen, Kneipen, coole Bars oder Hafenkaschemmen – in Hamburg gibt es einfach alles, was das Nachtleben ausmacht. Im Sommer findet das Nacht- bzw. Freizeitleben, gerne gut und günstig, auf offener Straße statt, und zwar wenn möglich schon ab der sonnigen Mittagszeit. Hanseaten lieben eben Sonne und Wärme. Die Kneipenstühle stehen auf den Gehsteigen, und der Kioskhandel blüht. Vor allem in Ottensen und im Schanzenviertel gehört es dazu, abends auf den Plätzen zu sitzen und Bier aus dem Tabakladen zu trinken – das ist cool und kommt billig. Zwischen 18 und 21 Uhr locken viele Bars in den Szenestadtteilen mit tollen Preisen zur Happy Hour. Später geht's dann richtig heiß her, was nicht immer teuer bedeuten muss – selbst auf der Reeperbahn kann man kostengünstig Spaß haben. Livekonzerte für weniger als 10 Euro Eintritt gibt es an jedem Abend in der Woche in einem der vielen, engagierten Clubs zu hören. Welches Pop- oder Jazzkonzert wo und wann stattfindet, steht zuverlässig auf *www.clubkombinat.de* und *www.jazz-hamburg.com*. Sperrstunden existieren praktisch nicht. Schließt abends ein Club, macht der andere gerade auf.

NACHT LEBEN

BARS & CAFÉS

AUREL [174 D3]

Die Bar am Alma-Wartenberg-Platz ist der beste Ausgangspunkt für das Nachtleben im Stadtteil Ottensen. Die Location ist so beliebt, dass die Tischchen und Stühle draußen auf dem Bürgersteig sogar im Winter gut besetzt sind. Kein Wunder, denn die Drinks sind günstig (Bier ab 2,10 Euro). Sollte es auch im Außenbereich zu voll sein, holen sich Nachtschwärmer einfach ein Getränk aus dem Kiosk nebenan und gesellen sich zu den zig anderen, die auf dem Platz sitzen und den Straßenmusikern lauschen. *Tgl. ab 10.30 Uhr bis nach Mitternacht | Bahrenfelder Str. 157 | Tel. 3 90 27 27 | Bus- und S-Bahnhof Altona | Ottensen*

GLANZ & GLORIA [148 A4] Insider Tipp

Kronleuchter, rote Samtvorhänge und stuckgeschmückte Decke – die Bar des Schmidts Tivoli ist ganz einfach stilvoll und kann trotzdem günstig sein. Geschätzt wird sie auch von den DJs der umliegenden Tanzclubs, die hier gern zur Entspannung auflegen. Gute Musik hört man also immer, getanzt wird zu späterer Stunde auch – und 🐷 der Eintritt ist frei. *Mi ab 18, Do–So ab 19 Uhr | Spielbudenplatz 28 | Tel. 31 77 88 10 | S 1–3 Reeperbahn, U3 St. Pauli | St. Pauli*

KULTURHAUS III&70 [148 C2]

Dieses Haus steckt voller Überraschungen. Tagsüber tummelt sich hier ein bunt gemischtes Publikum,

von original Hamburger Schanzen-gängern über junge Familien bis hin zu internationalen Künstlern, DJs und Touristen. Abends wandelt es sich dann vom gemütlichen Café zu einem Mekka für Hip-Hop/Reggae- und Elektro/House/Alternativ-Partys. Top: 🐷 Der Eintritt ist meist frei! Der verwinkelte Bau versteckt auf vier Stockwerken samt der Kneipe „Galopper des Jahres", die tolle Biere ausschenkt, ein kleines Kino, das Café Schmidtchen, einen Theatersaal und einen hauseigenen Kiosk mit al-len „Naschis von früher". Das vielfäl-tige Programm bietet vom Poetry Slam für jedermann bis hin zur Über-tragung von Bundesliga-Fußballspie-len und „Tatort" (jeden Sonntag um 20.15 Uhr) eine ganze Bandbreite aus der Kulturszene. Ein besonderer Tipp ist der „Sunday Stomp": 🐷 ein kos-tenloser Swingtanz-Schnupperkurs jeden ersten Sonntag im Monat. Mo–

Feine Bar im Szene-Stadtteil St.Georg: Kyti Voo

So ab 9 Uhr | Schulterblatt 73 | Tel. 3 19 75 55 12 | www.dreiundsiebzig. de | S 11, 21, 31, U3 Sternschanze | Bus 15 Schulterblatt | Sternschanze

KYTI VOO [149 E2]

Vom zwielichtigen Bezirk am Hauptbahnhof zum angesagten Mode-Stadtteil – St. Georg hat den erstaunlichsten Imagewandel aller Hamburger Quartiere vollzogen, nicht zuletzt wegen der Gayszene, die hier dominiert. Entsprechend niveauvoll sind die Preise in den Bars und Cafés rund um die Flaniermeile Lange Reihe. Wer zu bezahlbaren Kursen mitten drin sein möchte, wählt etwa einen Platz im kosmopolitischen Kyti Voo. Hier trifft sich halb St. Georg – im Winter an der Bar, im Sommer auf der Terrasse. Günstig wird das zur täglichen Happy Hour von 17 bis 20 Uhr, dann werden Sex on the Beach oder Mai Tai für 5,50 Euro serviert. Wer keinen Platz mehr ergattert, weicht aus: Gleich nebenan verkauft das simplere Grüneberg das Pils zu 2,40 Euro und ist dabei urgemütlich. *Mo–Sa ab 17, So ab 14 Uhr | Lange Reihe 82 | Tel. 28 05 55 65 | www.ky tivoo.de | U-/S-Bahnen Hauptbahnhof | St. Georg*

CLUBS & DISKOS

FRAU HEDIS TANZKAFFEE [148 A4] Insider Tipp

Ganz am Ende der Landungsbrücke hinter Brücke 10 starten die witzigsten Hafenrundfahrten der Stadt: Die Partybarkasse Frau Hedi und ihre Schwesternschiffe Claudia, Christa, Irma und Classic Queen schippern mit gut gelaunten Kapitänen am Steuer und trendiger DJ-Musik die ganze Nacht über die Elbe. Wer einmal Eintritt zahlt (8–10 Euro) kann hin- und herfahren, stündlich legt das Schiff wieder an der Brücke an. Die Stimmung ist grandios, vielleicht, weil die Getränke so günstig sind (Bier ab ca. 2 Euro) und die Musik tanzbar. Manchmal spielen Livebands im Heck, dann kostet das Ticket 10–12 Euro. *April–Okt. Sa, So ab 19 Uhr, dann stündl. Zutritt mögl., März, Nov., Dez. eingeschränkter Betrieb | Brücke 10/Außenkante | www.frauhedi.de | U 3, S 1-3 Landungsbrücken | St. Pauli*

GRÜNER JÄGER [148 A3]

Das kleine, freistehende Häuschen inmitten eines kleinen Parks auf der Grenze zwischen St. Pauli und der Schanze ist schon von Weitem zu erkennen und wirkt am trubeligen Pfer-

demarkt ein wenig wie aus der Zeit gefallen. Dafür geht es im Inneren hoch her: Konzerte, Lesungen und Partys von Hip-Hop bis 90er-Jahre-Trash sorgen dafür, dass in der charmanten Location öfter mal der Schweiß von der Decke tropft. Günstige Getränke- und Eintrittspreise (meist 5 Euro) machen den „Jäger" vor allem bei jungen Hamburgern beliebt. *Öffnungszeiten je nach Programm | Neuer Pferdemarkt 36 | Tel. 31 79 36 10 | www.gruener-jaeger-stpauli.de | U 3 Feldstraße | St. Pauli*

MS STUBNITZ

Die spannendste Clublocation Hamburgs ist ein altes Kühlschiff: Im Baakenhafen in der HafenCity liegt das Kulturschiff MS Stubnitz vor Anker. Noch wird sie kräftig überholt, und daher steigen meist nur am Wochenende Partys und Livegigs (10–20 Euro) oder Workshops mit Musik (die sind noch oft kostenlos). Der Weg dorthin lohnt allemal: Von der U-Bahnstation HafenCity Universität sind es knapp 20 Minuten Fußweg zum Baakenhafen, ein künftiges Quartier der HafenCity, das aktuell noch bebaut wird. Die Gegend ist rau, neben der Stubnitz liegen hin und wieder große Pötte, die auf Beoder Entladung warten, nachts testen Teenies hier die Schnelligkeit von Papas Auto, und tags frönen Angler an den Kaimauern ihrem stillen Hobby. *Meist Fr, Sa ab 20 Uhr und nach Programm | Baakenhafen/Kirchenpauer Str. 29 | www.stubnitz.de | U 4 HafenCity Universität | HafenCity*

NACHTASYL [131 D2]

Die Theaterbar des Thalia-Theaters ist Bar, Tanzclub, Lesungsraum und auch mal Mini-Bühne in Einem. Sie liegt im Dachgeschoss des Theaterhauses (100 Stufen, kein Fahrstuhl!), und ist mit dem langen Tresen, den tiefen Sesseln und hohen Wänden ein prima Ort, um tiefschürfende Gespräche vor oder nach der Vorstellung im Großen Haus zu führen. Vielleicht bleiben Sie, bis die Tanzclubs *(meist Sa ab 23 Uhr)* beginnen. Die haben Kultstatus und sind mit 6–8 Euro auch durchaus bezahlbar. *Tgl. ab 19 Uhr | Eintritt bei Veranstaltungen 6–20 Euro | Alstertor 1 | Tel. 32 81 44 44 | www.thalia-theater.de | U 1, 2, 4, S 1-3 Jungfernstieg | Altstadt*

KNEIPEN

AALHAUS [147 E2]

Das Aalhaus in Altona ist eine ganz wunderbare Mischung aus Musikclub, Eckkneipe, Bar und Biergarten. Es liegt leicht versteckt in unmittelbarer Nachbarschaft der Viktoriakaserne, Hamburgs größtem Künstlerzentrum, und setzt deshalb auf Stamm- statt auf Laufkundschaft. Neben Hamburgs schönstem Tresen gibt es im Aalhaus regelmäßige Veranstaltungen wie Konzerte, Fußball-Übertragungen, Doppelkopf-Abende und das legendäre Kneipenquiz, außerdem ehrliche Drinks wie z. B. Staropramen für 2,80 Euro. *Mo–Do 18–2, Fr 18–4, Sa 13–4, So 13–2 Uhr | Eggerstedtstr. 39 | www.aalhaus.de | S 1, 3, 11, 21, 31 Holstenstraße | Altona*

DER CLOCHARD [148 B4]

Der Clochard gehört zu den derberen Kiezkneipen. Nicht hip ist es hier, sondern dunkel und rau – und wunderbar preiswert. Die Hamburger Autorin Tina Uebel wohnte viele Jahre im vierten Stock über dem Clochard und hat ihre Eindrücke in einer Kurzgeschichte beschrieben, Fazit: Charles Bukowski muss der Schutzpatron dieser Pinte sein. Bier (ab 1,70 Euro) und Spirituosen (Saurer 1,10 Euro) sind so billig, dass es sich hier viele Stunden sitzen lässt, sofern weder rauchgeschwängerte Luft, Rührseliges aus der Musikbox noch seltsame Gäste verstören. 🐷 Schmalzbrote gibt es umsonst, und der Clochard-Balkon mit Blick über die Reeperbahn ist wie der Schankraum 24 Std. geöffnet. Manche Morgendämmerung wurde schon von dort oben begrüßt. *Tgl. 0–24 Uhr | Reeperbahn 29 | Tel. 3 19 62 30 | www.derclochard.de | S 1–3 Reeperbahn, U 3 St. Pauli | St. Pauli*

FAMILIEN-ECK [147 D3]

Tagsüber dominiert im ehemaligen Arbeiterstadtteil Ottensen die Cafékultur, am Abend bietet das Viertel charmantes Kneipenleben. Fans von Regisseur Fatih Akin können rund um den Alma-Wartenberg-Platz die Originalschauplätze von Akin-Filmen entdecken, und über der Kneipe Familien-Eck wohnte der Regisseur früher selbst lange Zeit. Je nach Wochentag spielen DJs hier Soul, Funk oder Weltmusik. Wein ist ab 3,90 Euro zu haben, Cocktails wie Mojito (6,50 Euro) und Moscow Mule

(7 Euro) werden mit hochwertigen Spirituosen gemischt. Und immer mal wieder ist auch einer davon im Angebot, etwa ein Gin Basil für 5,50 Euro. *Tgl. ab 18 Uhr | Friedensallee 4 | Tel. 98 23 78 96 | www.familien eck.de | Bus 2, 15, 37, 150, 288 Friedensallee | Ottensen*

OLD SAILOR [148 A4]

Das abseits der Reeperbahn gelegene Old Sailor gehört zu den sogenannten „Gardinenkneipen", Lokale, die mit bodenständiger Einrichtung und ebensolchen Getränkepreisen die unterschiedlichsten Gäste anziehen, von Jung bis Alt, vom Arbeitslosen bis zum Akademiker. Neben günstigen Preisen gibt es hier die obligatorische Jukebox, ==selbst gemachten Lakritzschnaps== und freundliche Öffnungszeiten *(Sa, So durchgehend)*. *Mo–Do 17–4, Fr 12–Mo 4 Uhr | Hein-Hoyer-Str. 4 | Tel. 31 48 71 | www.old-sailor-hamburg.de | U 3 St. Pauli | St. Pauli*

Insider Tipp

LIVEMUSIK

GRÜNSPAN [148 A3]

Für alle, deren Eltern einst einer Jazzband angehörten und die in ihrer Kindheit eine Allergie dagegen entwickelt haben: Das Grünspan am Ausläufer der Großen Freiheit ist eine (fast) jazzfreie Zone. Stattdessen finden psychedelische, bluesige und natürlich Rockkonzerte zu total sozialen Tarifen statt – wo sonst bekommt man in den großen Musikclubs an der Reeperbahn ein Konzertticket für unter 20 Euro? Bier und Longdrinks gibt's reichlich, gut und günstig, und die Clubpartys (Eintritt 7–10 Euro) dauern oft bis zum Morgen. *Geöffnet nach Programm, Konzerte ab 19, Clubs meist ab 22 Uhr | Große Freiheit 58 | | Tel. 39 90 92 69 | www.gruenspan.de | S 1–3 Reeperbahn | St. Pauli*

MOLOTOW [148 A4]

Heiß umkämpft und geliebt ist dieser Liveclub unter Hamburgs Musikfans. Die Location lag lange am Spielbudenplatz an den legendären Esso-Häusern. Viele Läden aus den alten Häusern gaben auf, doch das Molotow fand dank Unterstützung seiner Gäste und des Clubkombinats Hamburg ein neues Domizil am anderen Ende der Reeperbahn. Die Partys und vor allem die Slams haben Kultstatus und sind sympathischerweise immer bezahlbar. *Poetry Slam jeden 1. Di*

im Monat 20 Uhr, 4 Euro, Partys ab 5 Euro | Nobistor 14 | Tel. 31 08 45 | www.molotowclub.com, S 1–3, Reeperbahn | St. Pauli

MUSIC CLUB LIVE [140 A5]

Abseits vom Mainstream und garantiert handgemacht – im Music Club Live treten Bands, Singer-Songwriter oder Waschbrett-Solisten live auf. Der Club liegt etwas abseits vom szenigen Schanzenviertel an der Fruchtallee, gilt aber als eine der besten Live-Adressen der Stadt. Die Atmosphäre ist relaxt, vielleicht, weil der Altersdurchschnitt erfrischend gemischt ist (von 18 bis 80 Jahren). Der Eintritt kostet selten mehr als 5 Euro, 🐷 bei den Sessions (z.B. jeden ersten Freitag zur Bluegrass-Session) ist er sogar frei. Bei guter Stimmung greifen talentierte Gäste mitunter selbst in die Tasten. Mo–Sa ab 18 Uhr | Fruchtallee 36 | U 2 Christuskirche | Eimsbüttel

POOCA BAR [148 A4]

Insider Tipp

Auf der Ausgehmeile Hamburger Berg, die vor allem junge St.-Pauli-Besucher anlockt, wimmelt es von Tanzbars mit freiem Eintritt und günstigen Getränkepreise sowie um-strittenen Billigalkohol-Kiosken, aber Lokale mit Livemusik sind rar gesät. Rühmliche Ausnahme: die kleine Pooca Bar. Hier bekommt man immer wieder internationale Bands für sehr kleines Geld zu sehen. Mo–Sa 19–1 Uhr | Hamburger Berg 12 | Tel. 0160 90 36 15 19 | www.pooca-bar.com | U 3 St. Pauli, S 1, 2, 3 Reeperbahn | St. Pauli

OPEN AIR

ALTONAER BALKON 🐷 [147 E4]

Ein kostengünstiger und beliebter Ort für laue Sommerabende ist der Altonaer Balkon samt seiner Wiesen drumherum. Hier trifft sich im Sommer halb Altona zum Grillen, Chillen und Boule spielen. Die Atmosphäre ist entspannt, zum Sonnenuntergang werden die Plätze rar. Man bringt Getränke (und Gitarren) mit, lässt sich auf Decken nieder und genießt Hamburg von seiner ganz gelassenen Seite. Freier Zugang | Palmaille/Ecke Max-Brauer-Allee | S 1–3 Königstraße | Altona

BIERGARTEN ZUM ANLEGER [152 C3]

Die Wilhelmsburger Idylle: Grün, romantisch und verhältnismäßig preiswert ist es im Biergarten mit Boots-

verleih am Ernst-August-Kanal. „Williburg“, wie der Stadtteil von seinen Fans genannt wird, erwacht seit der Internationalen Gartenschau mit Bauausstellung zum Leben, und der Anleger bietet beste Bedingungen, das Viertel zu entdecken. Mit einem Latte (2,80 Euro) oder einem Glas Rotwein (4 Euro) lässt es sich hier außerdem ganz wunderbar unter Bäumen relaxen. *April–3. Okt. Mo–Sa ab 11, So ab 10 Uhr bis Einbruch der Dunkelheit | Vogelhüttendeich 123 | Tel. 86 68 77 81 | www.zum-anleger.de | Bus 13, 34 Vogelhüttendeich | Wilhelmsburg*

KNUST ACOUSTICS 🐷 [148 B2]

Insider Tipp

Umsonst und draußen – das ist das Motto der Knust Acoustics im Sommer. Bei den Open-Air-Konzerten auf dem Lattenplatz vor dem Club gibt es Platz für bis zu 500 Zuschauer und auch Schirme bei Regen. Künstler wie Tim Neuhaus oder Dirk Darmstädter traten schon auf. Im Knust werden alle St.-Pauli-Spiele übertragen und last but not least: Der Club ist einer der besten Livelocations der Stadt. *Knust Acoustics: Eintritt frei | Juni–Aug. u. nach Programm Mi 18–20 Uhr | sonstige Konzerte im Knust 8–30 Euro | Neuer Kamp 30 | Tel. 87 97 62 30 | www.knusthamburg. de | U3 Feldstraße | St. Pauli*

MUSIK IM STADTPARK 🐷 [142 A1]

Egal, ob Max Giesinger, Adel Tawil oder Ina Müller – auf der romantischen Freilichtbühne im Hamburger Stadtpark spielen hochkarätige Bands ebenso wie Stars und Sternchen. Wer kein Ticket mehr bekommen hat oder sparen möchte (die Eintrittspreise liegen je nach Prominenz der Gigs etwa zwischen 25 und 60 Euro), packt sich mit einer Decke auf die benachbarte Wiese und lauscht dem Sound von der Bühne. *Insider Tipp* *Parkeintritt frei | Saarlandstr./ Ecke Jahnring | www.open-r.de | S1, 11 Alte Wöhr, U3 Saarlandstraße | Winterhude*

SZENE

ASTRA-STUBE [147 F2]

Unter der Sternbrücke liegt dieser Mini-Club mit Blick auf eine viel befahrene Kreuzung. Doch wenn draußen die Lastwagen brummen, wummern drinnen die Bässe. Meist treten Hamburger Bands auf, aber auch internationale. Der In-Treff platzt bei guten Gruppen aus allen Nähten – klar

bei den Preisen. *Eintritt ab 8 Euro | geöffnet nach Programm | Max-Brauer-Allee 200 | www.astra-stube. de | Bus 3, 15 Sternbrücke | Altona*

MUTTER [148 A2]

Mama ist die Beste, das gilt nicht nur zu Hause, sondern auch in Hamburg. In der stets verrauchten Souterrain-Szenekneipe treffen sich seit Jahren

Musiker, Medienarbeiter, Langzeitstudenten und sonstige Bohèmiens, dazu gibt es eine handverlesene Musikauswahl, günstiges Bier und sehr viele Zigaretten. Mit dieser ebenso perfekten wie unaufgeregten Mischung haben die beiden Betreiber Knut und Eike eine Hamburger Nachtleben-Institution geschaffen, die ihresgleichen sucht. *Mo–Do 20–*

CLEVER!

> *Kiez für Einsteiger*

Drei Tipps für die Reeperbahn:

1. Am Tag die Seitenstraßen erkunden – kostet gar nichts und macht Spaß! Der Kiez ist nicht so hässlich, wie es oft beschrieben wird. Bei der alten Fischräucherei am Ende der Großen Freiheit schaut es z.B. aus wie auf dem Dorf. Und vom Park Fiction am Pinnasberg haben Sie einen tollen Blick über den Hafen und die Elbe.

2. Die frühe Nacht: Lassen Sie sich treiben. Gucken Sie in die Kneipen und zahlen Sie keinen überteuerten Eintritt in angebliche Szene-Diskos. Die Eindrücke auf der Straße sind gratis und berauschend genug. Zum Vorglühen eignen sich die vielen Bars hinter der

Reeperbahn rund um die Wohlwillstraße und die Paul-Roosen-Straße. Für diejenigen, die gern mit Bier in der Hand rumlaufen, gilt: An Wochenenden sind rund um die Reeperbahn Glasflaschen draußen verboten!

3. Endlich halb eins: Ab Mitternacht wird es voll in den Bars und Szenetreffs. Die Clubs am Hamburger Berg und Hans-Albers-Platz nehmen meist keinen Eintritt für Partys. Lassen Sie sich nicht von schäbigen Fassaden schrecken, in den schrägsten Kneipen sitzen mitunter die coolsten Typen. Top-Regel: Gesunder Menschenverstand und kein komplett zugedröhnter Kopf sind der allerbeste Schutz vor Nepp und Gefahr.

4, Fr, Sa 20–6 Uhr | Stresemannstr. 11 | Tel. 43 18 21 06 | U3 Feldstraße, Bus 3 Neuer Pferdemarkt | Schanze

PONY BAR 🐷 [140 C5]

50er-Jahre-Trash und Professorenalarm: Die kuschelige Kneipe am Campus ist für so manchen Kommilitonen das zweite Wohnzimmer. Ein Café Latte kostet hier um 2 Euro – fast einmalig in Hamburgs Zentrum. Billig sind auch die Abende. Die zahlreichen Kulturveranstaltungen, die Jazzabende *(jeden Mi)*, die Montagskonzerte und der sonntägliche „Tatort"-Club *(20 Uhr)* sind gratis, in die Kunstausstellungen kommt man ebenfalls umsonst. *Mo–Fr ab 9, Sa, So ab 10 Uhr | Allende-Platz 1 | Tel. 4 28 38 78 95 | www.ponybar.de | S 11, 21, 31 Dammtor, Bus 4, 5 Grindelhof | Rotherbaum*

PUDEL [148 A4]

Der Golden Pudel Club ist kein Hundezüchterverein, sondern das Wohnzimmer oder besser gesagt der Partykeller von Hamburgs hipper Gegenkultur-Szene. Ins Leben gerufen von den Musikern Schorsch Kamerun (Die Goldenen Zitronen) und Rocco Schamoni (Studio Braun) und seit Jahren tapfer und engagiert verteidigt gegen Investoren, Feuer und sonstige Feinde, trifft man in der kleinen Baracke am Hafen auf entspanntes Publikum und Personal. Dazu gibt es hauptsächlich elektronische Musik von mal bekannten, mal weniger bekannten, aber immer großartigen DJs sowie günstige Eintritts- und Getränkepreise. Wenn es drinnen zu voll oder zu heiß wird, kann man auf die Terrasse, die an den Club angrenzende Hafentreppe oder in den oberhalb des Pudels liegenden Park Fiction ausweichen. *Mi–Mo 20–6 Uhr | St. Pauli Fischmarkt 27 | www.pudel. com | S 1, 2, 3 Reeperbahn / Landungsbrücken | St. Pauli*

Inside Tipp

ROSI'S BAR 🐷 [148 A4]

Rosi's Bar gehört auch zur Rushhour zu den angenehmsten – und preiswertesten – Läden am Club-Dorado Hamburger Berg. Die Gäste tanzen bei Soul, Funk und Ska vom Plattenteller, und die Kellnerinnen sind wahrscheinlich die nettesten am Berg. Die Drinks sind wohlfeil (Bier um 2,50 Euro) und der Eintritt frei. *So–Do ca. 21–4, Fr, Sa ca. 21–6 Uhr | Hamburger Berg 7 | S 1–3 Reeperbahn | St. Pauli*

Bild: In Rosi's Bar herrscht gute Laune

> **Preiswerte Hotels, urige Hostels oder die Herberge mit Hafenblick: In diesen Häusern liegen Sie richtig**

Hamburg ist in, zählt längst zu den beliebtesten Urlaubsmetropolen der Republik. Die Zahl der Besucher wächst stetig, und jährlich übernachten über 13 Mio. davon hier, Tendenz steigend. Mehr als 375 Herbergen werben um die Gunst der Besucher, ständig werden neue Hotels gebaut. Die liegen nicht nur im gehobenen Preissegment, auch für den kleinen Geldbeutel ist die Auswahl groß. Egal ob preiswerte Hostels, billige Hotels, Apartments oder die etwas teureren Privathotels – für jedes Budget ist was dabei. Wenn's typisch hanseatisch sein soll, kein Problem: Eine Nacht im Rock-Hotel Kogge

am Kiez werden Sie so bald nicht vergessen. Ein pfiffiges und zugleich schickes Designhotel ist die Superbude St. Georg, wo jede Etage in einer anderen Farbe gehalten ist. Außerdem bietet Hamburg eine außergewöhnliche Jugendherberge mit der vielleicht prickelndsten Lage der Welt: Die JH Auf dem Stintfang hat die Bars und Kneipen vom Kiez im Rücken und den Hafen vor Augen – wer will da noch schlafen gehen? Privatreisende zahlen eine Kulturtaxe, die zum Beispiel bei einem Übernachtungspreis bis 25 Euro bei 50 Cent liegt. Oft ist diese Abgabe aber bereits im Preis inklusive.

SCHLAFEN

BED & BREAKFAST

BEDROOM FOR YOU [140 A4]

Wohnen im hanseatischen Bürgerhaus – das verspricht Hamburg-Feeling pur. Margarete Barth vermietet zwei Doppel- und ein Einzelzimmer mitten in einem der schönsten Amüsierviertel Eimsbüttels. Auf 150 stuckverzierten Quadratmetern sind Möbel und Zierrat aus aller Herren Länder zu einem weltoffenen und geschmackvollen Heim vereint, französische Stilmöbel vertragen sich problemlos mit Südsee-Flair à la Gauguin. Abends darf der Gast ein Pläuschchen mit der weit gereisten Gastgeberin halten oder auch ein spontanes Hauskonzert auf dem Flügel geben – da hat man viel Atmosphäre fürs Geld. Extrawünsche zum Frühstück werden gerne erfüllt. *EZ ab 48, DZ ab 68 Euro, Frühstück 8 Euro | 3 Zimmer | Tornquiststr. 1/ Ecke Eppendorfer Weg | Tel. 40 18 61 37 | www.bedroomforyou.de | Bus 20, 25 Fruchtallee/Hamburg-Haus | Eimsbüttel*

HADLEY'S BED & BREAKFAST [140 B4]

Die schönen Räume dieser Bed-and-Breakfast-Unterkunft liegen in einer Gartenvilla von 1816 im Hinterhof eines ehemaligen Krankenhauses aus der Jahrhundertwende. Einige Zimmer haben neben dem Wohnbereich eine erhöhte Schlafgalerie, die Möblierung hat Stil. Im Familienzimmer können bis zu fünf Personen nächtigen, das rechnet sich dann sehr gut. Die Gäste teilen sich zwei Badezim-

mer mit Dusche und WC. Toll frühstücken kann man in der Café-Bar Hadley's direkt um die Ecke, für 9 Euro wird das Frühstück auch am Bett serviert. *EZ ab 67, DZ ab 87, Familienzimmer ab 110 Euro | 4 Zimmer | Beim Schlump 85 | Tel. 85 94 77 | www.hadleys.de | U 2, 3 Schlump | Rotherbaum*

GÜNSTIGE HOTELS

25HOURS HAFENCITY [149 D5]

Im familienfreundlichen 25hours in der HafenCity trifft maritime Gemütlichkeit auf modernes Interior-Design, und man fühlt sich ein bisschen wie im Wohnzimmer einer Hipster-WG, in der Käptn Blaubär eingezogen ist. Die 170 Zimmer hei-

Modernes Design und freundlicher Service: 25hours HafenCity

ßen Kojen, in der Lobby steht ein Schiffscontainer, und am Passagierkai vor der Tür sind immer mal wieder mächtige Kreuzfahrtschiffe zu sehen – die man auch toll aus der coolen Hafensauna im sechsten Stock beobachten kann. So lässt es sich sogar in der sonst etwas öden HafenCity aushalten. Und wer mit einem Mini anreist (bzw. zu Hause einen in der Garage stehen hat), bekommt 15 Prozent Rabatt auf den Zimmerpreis! *DZ ab 100 Euro ohne Frühstück | 170 Zimmer | Überseeallee 5 | Tel. 25 77 77 255 | www. 25hours-hotels.com | U4 Überseequartier | HafenCity*

ARCADE HOSTEL [139 E2]

Nettes Ambiente zum kleinen Preis gesucht? Das ehemalige Hotel Rex wurde komplett und sehr stilvoll saniert, Elemente wie ein schwarzer Holztresen im Empfangsbereich oder der helle Frühstücksraum (Frühstück 7 Euro) erinnern an den Glanz vergangener Zeiten. Die Zimmer sind hübsch eingerichtet und werden über ein Durchgangsbad betreten, das immer mit Dusche, teils auch mit WC ausgestattet ist. 🐷 Die Parkplätze sind kostenfrei. Für dieses sehr gute Preis-Leistungs-Verhältnis lohnt sich die etwas weitere Anfahrt. *EZ ab 41, DZ ab 53 Euro | 34 Zimmer | Kieler Str. 385 | Tel. 54 48 00 | www.arcade-hostel-hamburg.de | Bus 283 Basselweg | Stellingen*

B & B HOTEL HAMBURG-ALTONA [147 E2]

Das Motto der französischen Budget-Hotelkette lautet: Auf Überflüssiges verzichten, um günstige Preise anbieten zu können. Das gelingt. Die modernen Zimmer haben ein eigenes Bad mit Dusche und WC, Klimaanlage und Fernseher, stilisierte Schiffe an den Wänden fahren durch einen bunten Hafen. In den Familienzimmern können zwei Erwachsene und zwei Kinder übernachten. Das leckere Büfettfrühstück (8,50 Euro) entschädigt für die Lage an einer viel befahrenen Straße, die Fenster sind schallisoliert. *EZ ab 64, DZ ab 74, Familienzimmer ab 94 Euro | 182 Zimmer | Stresemannstr. 318 | Tel. 8 51 80 60 | www.hotelbb.de | S3, 21 Diebsteich, Bus 3 Schützenstraße (Mitte) | Bahrenfeld*

EGON HOTEL [147 F4]

Wer in direkter Nähe zur Reeperbahn schlafen möchte, findet hier eine mo-

derne Unterkunft zu moderaten Preisen. Die klar und einfach im skandinavischen Design eingerichteten Zimmer haben ein eigenes Bad mit Dusche und WC, Fernseher, Klimaanlage und WLAN-Empfang. Das kontinentale Frühstücksbüfett kostet 11 Euro, die Lobby ist zugleich Bar und Restaurant. *EZ ab 59, DZ ab 79, 3-Bett-Zimmer ab 109 Euro | 150 Zimmer | Königstr. 4 | Tel. 3 11 82 10 | www.egonhotel.com | S 1–3 Reeperbahn | St. Pauli*

FASSHOTEL WEIN- UND FRIESENSTUBE [0]

Übernachten in einem Fass? Nein, das ist nicht das Ende eines ausschweifenden Reeperbahn-Bummels, sondern eine außergewöhnliche und romantische Herberge in Hamburg-Ochsenwerder. Das Restaurant „Wein- und Friesenstube", idyllisch und fernab vom Zentrum gelegen zwischen Dove- und Süderelbe, hat ein paar gigantische Holzfässer vom Keller in den Garten geräumt, diese ausgebaut und so eine wirklich originelle und schöne Unterkunft geschaffen. Das Schlummerfass für zwei kostet pro Nacht 65 Euro, der Abenteuerfaktor ist unbezahlbar. *DZ 65, Frühstück 9,50 Euro | 3 „Fässer" | Ochsenwerder Kirchendeich 10 | Tel. 7 37 41 98 | www.wein-und-friesenstube.de | Bus 222, 422 Ochsenwerder Kirche | Ochsenwerder*

FRAUENHOTEL HANSEATIN [130 B2]

Hier sind die Ladys unter sich: Im Hotel Hanseatin findet sich alles, was frau allein auf Reisen braucht. Das Haus bietet stilvoll-elegante Zimmer mit großen Spiegeln und Originalwerken heimischer Malerinnen, ausgesuchte Literatur und Frottee-Puschen stehen für die Gäste bereit. Zur Flaniermeile Jungfernstieg sind es zehn Minuten zu Fuß durch das altstädtische Gängeviertel. Besonders die ==Mansarden-Zimmer mit Jane-Austen-Flair== `Inside Tipp` haben ihren Charme. Das Frühstücksbüfett (6,50 Euro) gibt es im gemütlichen Frauencafé. *EZ ab 53, DZ ab 90 Euro | 13 Zimmer | Dragonerstall 11 | Tel. 34 13 45 | www.frauenhotel.de | U 2 Gänsemarkt | Neustadt*

GASTHAUS AM KIEKEBERG [0]

Ein Hotel im Grünen: Im Rosengarten, einer Wald- und Heidelandschaft mit Wanderwegen an Hamburgs

Grenze, liegt das Gasthaus. Hier ist es freundlich, ruhig, und zum Hauptbahnhof fahren die öffentlichen Verkehrsmittel nur 40 Minuten. Gleich nebenan liegt das Freilichtmuseum Kiekeberg *(s. S. 119)*, und nahbei gibt es für Kinder Ponyreiten und einen Hochseilgarten. *EZ 50, DZ 80, 3- oder 4-Bett-Zimmer 105–120 Euro | 10 Zimmer | Am Kiekeberg 5 | 21224 Rosengarten | Tel. 7 90 50 21 | www. kiekeberg.de | Bus 340, 4244 Museum Kiekeberg | Rosengarten*

JUNGES HOTEL [149 E3]

Kuscheltier vergessen? Kein Problem, denn das superzentral gelegene Hotel erfreut Hamburg-Reisende nicht nur durch diverse Preis-Specials (Infos auf der Website), sondern ist auch besonders familienfreundlich. Es gibt Familienzimmer, Family-Angebote, kostenfreie Übernachtung für Kinder unter zehn Jahren im Zimmer der Eltern, einen Kuscheltier-Ausleihservice (falls der Teddy versehentlich zu Hause geblieben ist) sowie Babysitting und Kinderbetreuung (auf Anfrage) – ein Traum für Eltern. *EZ ab 79, DZ ab 99 Euro ohne Frühstück | 127 Zimmer | Kurt-Schumacher-Allee 14 |* *Tel. 41 92 37 17 | www.jungeshotel. de | U- und S-Bahnen Hauptbahnhof | St. Georg*

KIELER HOF [149 E3]

Die Lage ist etwas ruppig, aber zentral; zum Hauptbahnhof braucht man nur ein paar Minuten zu Fuß. Das sehr einfache Hotel liegt im ersten Stockwerk eines Jugendstilhauses, im beeindruckenden Treppenhaus sollten Sie unbedingt mal nach oben schauen! Die Zimmer haben Stuckdecken, WC und Dusche sich allerdings auf dem Gang. Wer einen Raum mit eigener Dusche bucht, wird eine Kabine direkt im Zimmer vorfinden – also lieber das Gemeinschaftsbad wählen! Frühstück ist bei den günstigsten Tarifen allerdings nicht enthalten. *EZ ab 35, DZ ab 49, 3-Bett-Zimmer ab 69, 4-Bett-Zimmer ab 80 Euro | 24 Zimmer | Bremer Reihe 15 | Tel. 24 30 24 | www.kieler-hof.de | U/S-Bahnen Hauptbahnhof | St. Georg*

LE VILLAGE [149 E3]

Plüsch as Plüsch can – wer schon immer mal in einem (ehemaligen) Bordell übernachten wollte, ist hier an der richtigen Adresse, denn bis zu

seiner Schließung Ende der 80er-Jahre befand sich hier das nobelste und vornehmste Bordell Norddeutschlands. Die neuen Betreiber haben möglichst viel des alten Interieurs erhalten und sehr behutsam renoviert – und ermöglichen es ihren Gästen dadurch, sich in andere Welten zu träumen. Wer auf den Plüsch verzichtet, kann ab 35 Euro auch in einem der „Hostel"-EZ mit Gemeinschaftsbad übernachten. *DZ ab 75, 3-Bett-Zimmer ab 100 Euro, „Hostel"-EZ mit Gemeinschaftsbad 35, 20 Zimmer | Tel 480649-0 | www.hotel-village.de | U1, U3 Hauptbahnhof-Süd, S-Bahn Hauptbahnhof | St. Georg*

CLEVER!

> *Camping in Hamburg*

Insider Tipp Schöner geht es kaum: Der **Elbe-Campingplatz** liegt am Strand des Falkensteiner Ufers, genau dort, wo Hamburger sonntags spazieren gehen. Hier campen Menschen aller Couleur: Alternative, Rentner mit Wohnmobilen, Jugendgruppen und Familien. Die Stimmung ist südländisch locker, am Abend sitzen alle beim Café unter bunten Lichtern. Sogar manche Hamburger zelten hier, wenn es im Hochsommer in der Stadtwohnung zu stickig wird, und Radtouristen kommen sowieso vorbei, denn der Platz liegt am Elbe-Radweg. *Erw. 7,50 Euro, Kinder 14–17 Jahre 3,90 Euro, 4–13 Jahre 2,50 Euro, Zelt 7,90–13,90 Euro, Wohnmobil 14,90 Euro | Anf. April–Mitte Okt. | Rezeption geöffnet tgl. 8–12 u.15.30–21 Uhr | Falkensteiner Weg 101 | Tel. 812949 | www.elbecamp.de | Bus 189 Tinsdaler Kirchenweg, dann ca. 10 Min. Fußweg.* [144 A2]

Ein wenig rustikaler, dafür auch deutlich zentraler gelegen ist der **Stadt-Campingplatz der Familie Buchholz** in Stellingen. In unmittelbarer Nähe zu Hagenbecks Tierpark und fußläufig vom Szenestadtteil Eimsbüttel entfernt, findet man hier in familiärer Atmosphäre 32 Stellplätze zur preiswerten Übernachtung vor, und das auch noch ganzjährig. *Erw. 10 Euro, Kinder 4 Euro, Zelt 10–15 Euro, Wohnmobil 15 Euro | ganzjährig | Kieler Str. 374 | Tel. 540 45 32 | www.camping-buchholz.de | U2 Hagenbecks Tierpark* [139 E2]

> **www.marcopolo.de/hamburg**

HOTEL MONOPOL [148 A4]

Seit 1955 gibt es das Hotel Monopol auf der Reeperbahn schon, und die Zimmer könnten sicher viele interessante Geschichten erzählen, wenn sie reden könnten (auch wenn sie inzwischen modern und komfortabel ausgestattet sind). Vor der Tür geht es – besonders am Wochenende – schon mal hoch her, aber die schallisolierten Fenster machen den Aufenthalt in dem mit auffälligen roten Wänden und Teppichen gestalteten Kult-Hotel auch für Nicht-Party-Besucher zu einer empfehlenswerten Adresse. Wegen der Lage, der günstigen Zimmerpreise und der kultigen Atmospäre ist das Monopol auch beliebt bei Musikern, die in Hamburg zu Gast sind. Prominenz von Helge Schneider bis zu den Fantastischen Vier hat hier ebenfalls schon übernachtet. *EZ ab 69, DZ ab 79, 3-Bett-Zimmer ab 109, Frühstück 12,50 Euro | 82 Zimmer | Reeperbahn 48–52 | Tel. 31 17 70 | www.smartcityhotel-hamburg.de | U3 St. Pauli | St. Pauli*

MOTEL HAMBURG [140 B3]

Back to the Fifties: An einer Hauptverkehrsstraße liegt das denkmalgeschützte Motel Hamburg im überra-

Fifties-Feeling – Motel Hamburg

schend ruhigen Hinterhof. Rundum laufender Balkon, jedes Zimmer mit orangegestreifter Garage für den fahrbaren Untersatz, umrankt von bizarr gewundenen Glyzinien – das ist amerikanisches Road-Movie-Feeling pur, hier hätte einst auch Elvis nächtigen können. Die Zimmer sind einfach, meist in Kiefermobiliar und 50er-Jahre-Blümchentapete gehalten, dafür sehr sauber. Bisweilen gibt es Bett und Garage auch zum Schnäppchenpreis, fragen lohnt sich. Wer nicht per Auto in die City will: Die Buslinie 5 Richtung Hauptbahnhof hält direkt vor der Tür. *EZ ab 57, DZ ab 69, Frühstück 8 Euro | 34 Zim-mer | Hoheluftchaussee 117–119 | Tel. 4 20 41 41 | www.motel-hamburg.de | Bus 5, 20, 25 Gärtnerstraße | Hoheluft*

MY PLACE HOTEL UND APARTMENTS [148 A2]

Das MyPlace liegt mittendrin im bunten Schanzenviertel, allerdings in einer zum Glück ruhigen Nebenstraße. Jedes der geschmackvoll eingerichteten 18 Zimmer ist nach einem Hamburger Stadtteil benannt. Die Apartments haben Dachterrassen mit Blick über die Dächer von Hamburg. Zum Frühstück (5 Euro Aufpreis) gibt es selbst gebackenes Brot und hausgemachte Marmelade, und für 12 Euro pro Tag kann man sich Fahrräder ausleihen. *DZ ab 79, Apartments ab 119 Euro | 18 Zimmer, 2 Apartments | Lippmannstr. 5 | Tel. 28 57 18 74 | www.myplace-hamburg.de | U3 Feldstraße | S 11, 21, 31, U3 Sternschanze | St. Pauli*

HOTEL PACIFIC [148 A3]

In diesem Hotel (heute noch eine beliebte Adresse für Musiker, die am Anfang ihrer Karriere stehen) waren die Beatles 1962 während ihrer Engagements im Star Club untergebracht. Ein ganz klein wenig scheint die Zeit stehen geblieben zu sein … Eine Tasse Tee im Erdgeschoss des familiengeführten Hotels mit persönlicher Atmosphäre bringt Hamburg-Besuchern das Beatles-Gefühl deshalb vermutlich näher als ein Besuch im Panoptikum, dem Hamburger Wachsfigurenkabinett, wo die vier weltberühmten Pilzköpfe in Wachs nachgebildet sind. *EZ ab 42, DZ ab 68, 3-Bett-Zimmer ab 96 Euro | 82 Zimmer | Neuer Pferdemarkt 30–31 | Tel. 4 39 50 95/96 | www.hotel-pacific.de | U3 Feldstraße | St. Pauli*

PENSION AM RATHAUS [131 D3]

Zentraler geht's nicht: Diese familiengeführte Pension liegt im Herzen der Stadt gleich neben dem Hamburger Rathaus; die bunte Shoppingmeile Mönckebergstraße verläuft parallel. Gleich drei ehemalige Wohnetagen des Hauses warten mit kleinen Zimmern auf, z.T. mit altem Dielenboden und geschmückt mit Ölbildern der Inhaberin. Frühstück gibt es nicht – aber dafür sind wir ja mitten im Zentrum der Stadt. *EZ ab 34, DZ ab 52 Euro | 15 Zimmer | Rathausstr. 14 | Tel. 33 74 89 | www.pension-am-rathaus.de | U3 Rathaus | Altstadt*

PYJAMA PARK SCHANZENVIERTEL [148 A2]

Insgesamt drei kleine Hotels gehören zum Pyjama Park. Für die ganz Hartgesottenen gibt es das Haus direkt auf der Reeperbahn (mit eigener Ballermann-Kneipe im Erdgeschoss), wir empfehlen jedoch die etwas entspanntere Variante Pyjama Park Schanzenviertel sowie – sollte hier kein Platz mehr sein – das direkt nebenan gelegene ==Fritz im Pyjama==. Hier schläft man cool und mittendrin im lässigen Schanzenviertel, so dass man sich nach dem Aufstehen direkt ins Getümmel werfen kann. *DZ ab 89 Euro (ohne Frühstück) | 17 Zimmer | Bartelsstraße 12 | Tel. 34 13 45 | www.pyjama-park.de | S 11, 21, 31, U3 Sternschanze | Sternschanze*

ROCK'N'ROLL-HOTEL KOGGE [148 A4]

==Insider Tipp==

Wer Rock'n'Roll im Blut hat, wird die Kogge genießen: Das kleine Kiez-Hotel ist gleichzeitig Hafenbar, der Tresen Rezeption, und Gäste bekommen zur Begrüßung schon mal einen Schnaps eingeschenkt. Die Räume sind individuell gestaltet und tragen Namen wie „Honeckers Herrenzimmer" oder „Punk Royal", Dusche und Toiletten werden gemeinschaftlich genutzt. Wer nachts nicht feiern, sondern schlafen möchte, sollte die bereitgelegten Ohrstöpsel benutzen! *EZ 30–35, DZ 50–58, 4-Bett-Zimmer 80–90 Euro | 12 Zimmer | Bernhard-Nocht-Str. 59 | Tel. 31 28 72 | www.kogge-hamburg.com | U3, S 1–3, Landungsbrücken | St. Pauli*

SCHLAFLOUNGE [140 A5]

Hier sind guter Stil und Geschmack Programm: In den unteren Stockwerken eines alten Jugendstilhauses gibt's fein eingerichtete Einzel- und

Doppelzimmer mit moderner Lounge-Atmosphäre zu bezahlbaren Preisen. Das Frühstück (10 Euro extra) mit Rohmilchkäse, frischem Aufschnitt und Obstsalat ist seinen Preis wert, die Bohnen für Kaffeespezialitäten wie Espresso, Latte macchiato oder Cappuccino werden frisch gemahlen. *EZ 65, DZ 95 Euro | 6 Zimmer | Vereinsstr. 54b | Tel. 38 68 83 57 | www.schlaflounge.de | U2 Christuskirche | Eimsbüttel*

ST. PAULI LODGE   [140 A5]

Keine Frage, dies ist eine kleine, aber feine Unterkunft in bester Lage zwischen Reeperbahn und Schanzenviertel zu tollen Tarifen. Die sechs Zimmer der Lodge sind modern reduziert eingerichtet, haben Holzfußboden und ein eigenes Bad. *EZ ab 39, DZ ab 49 Euro | 6 Zimmer | Thadenstr. 94 | Tel. 43 27 45 44 | www.sankt-pauli-lodge.de | U3 Feldstraße | St. Pauli*

Insider Tipp
STELLA MARIS   [148 B4]

Das charmante Hotel, untergebracht in einer ehemaligen Seemannsmission im Portugiesenviertel, bleibt seiner maritimen Vergangenheit in vielen Details treu. Die günstigen Zimmer der Sailor's Class haben Etagendusche und -toilette, sind gemütlich und echte Schnäppchen. In der Officer's Class hat der Gast sein eigenes Bad und einen Fernseher, in der Captain's Class zusätzlichen Luxus wie Hosenbügler. Das Frühstücksbüffet kostet 13 Euro Aufpreis. *Sailor's Class: EZ und DZ ab 49 Euro | Officer's Class: EZ ab 99, DZ ab 109 Euro | Captain's Class: EZ und DZ ab 129 Euro | 49 Zimmer | Reimarusstr. 12 | Tel. 3 19 20 23 | www.hotel-stellamaris.de | U3, S 1–3 Landungsbrücken | St. Pauli*

HOSTELS & HERBERGEN
A&O HAMBURG CITY   [149 F4]

Das wohl größte Hostel der Welt befindet sich in der Nähe des Hauptbahnhofs: In einem umgebauten Bürogebäude können Backpacker und Städtereisende in fast 2000 Betten günstig übernachten. Das A&O Hamburg City gehört zu einer Kette, die sowohl Hostel- als auch Hotelzimmer anbietet. Wer online und frühzeitig bucht, bekommt günstigere Preise, das Büfettfrühstück kostet 7 Euro. Viele Schnäppchen finden sich zusätzlich auf der Website. *Hotelbett ab 17, Hostelbett im 8-Bett-*

Gut und günstig mit eigenem Bad: St. Pauli Lodge

Dorm 10 Euro | 540 Zimmer | Spaldingstr. 160 | Tel. 18 12 98 40 00 | www.aohostels.com | S 1, 2, 11, 21, U 2, 3 Berliner Tor | St. Georg

BACKPACKERS ST. PAULI   [148 A3]

Ein nettes Hostel in ruhiger, zentraler Lage zwischen Schanzenviertel und Reeperbahn. Die schlicht eingerichteten Zimmer haben Etagenbetten (Bettwäsche einmalig 3 Euro, ab drei Nächten frei) und teilweise ein eigenes Bad. In der gemütlichen Hostelkneipe The Globe servieren die Mitarbeiter Frühstück *(Buffet Mo–Fr 5 Euro, Sa, So 7 Euro – bis 12 Uhr!),* Suppen, Toasties, Kuchen und am Abend ein Bier. *Bett im DZ ab 30, im*

3-Bett-Zimmer ab 25, im 4-Bett-Zimmer ab 24, im 6-Bett-Zimmer ab 23 (in der Nebensaison auch mal 15 Euro), im 8-Bett-Zimmer ab 19,50 Euro (Nebensaison 13 Euro) | 10 Zimmer | Bernstorffstr. 98 | Tel. 23 51 70 43 | www.backpackers-st pauli.de | U3 Feldstraße, Bus 3 Bernstorffstraße | St. Pauli

BEDPARK ALTONA [147 F2]

Die Bahnstrecke hinterm, eine Hauptverkehrsstraße vorm Haus: Wen die verkehrsgünstige Lage dieser Herberge nicht stört (Ohrstöpsel liegen auf jedem Bett bereit), der kann hier günstig und zentral nächtigen. Die Zimmer sind modern, Bad und Dusche werden gemeinschaftlich genutzt. Für Gruppen oder Familien gibt's 3-, 4- und 5-Bett-Wohnungen mit Bad und Gemeinschaftsküche. *EZ 10–72, DZ 20–80, 3-Bett-Zimmer 30–100, 4-Bett-Zimmer 40–120, Ferienwohnung 50–170 Euro | 22 Zimmer | Stresemannstr. 117 | Tel. 49 22 22 93 | www.bedpark. de | Bus 3, 15 Sternbrücke | Altona*

GENERATOR [149 E4]

1960 nahmen die Beatles hier ihre ersten Songs auf, heute findet sich im historischen Klockmannhaus direkt gegenüber vom Hauptbahnhof das modern eingerichtete Generator Hostel. Neben Fans der Fab Four trifft man hier vor allem auf junge Hamburg-Besucher, Backpacker und Teilnehmer von Junggesellenabschieden, denn die Zimmerpreise sind sehr moderat. Und fürs Frühstücksbüffet zahlt man schlappe 5,50 Euro. *EZ ab 64, DZ ab 64, 4-, 6- und 8-Bett-Zimmer ab 16 Euro | 161 Zimmer | Steintorplatz 3 | Tel. 2 26 35 84 60 | www. generatorhostels.com| S-Bahn Hauptbahnhof, U1, 3 Hauptbahnhof Süd | St. Georg*

INSTANT SLEEP
BACKPACKER HOSTEL [147 F3]

Das Gute: Der nächste Cocktail ist nie weit entfernt, denn das Hostel teilt sich das Haus mit zwei angesagten Bars. Der Nachteil: Es kann am Wochenende laut werden. Die Zimmer sind hübsch gestaltet, etwa mit Retro-Tapeten im 70er-Jahre-Stil. Duschen und WCs werden gemeinschaftlich genutzt, Bettwäsche ist inklusive. Statt Frühstück wird 🐷 Kaffee gratis für Morgenmuffel ausgeschenkt, die den kurzen Fußweg zu den Bistros des Schanzenviertels sonst nicht

überstehen. *EZ ab 25, DZ ab 39, Bett im 3-Bett-Zimmer ab 15, Bett im 4-Bett-Zimmer ab 13,65, Bett im 6-Bett-Zimmer ab 12,75, Bett im 8-Bett-Zimmer ab 11, Bett im 12/14-Bett-Dorm ab 9,45 Euro | Max-Brauer-Allee 277 | Tel. 43 18 01 80 | www.instantsleep.de | S 11, 21, 31, U 3 Sternschanze | Schanzenviertel*

JUGENDHERBERGE AUF DEM STINTFANG [148 B4]

Gäste aus aller Welt, frohe junge und jung gebliebene Menschen, poppig-moderne Räumlichkeiten – diese Jugendherberge ist der ideale Standort für ein ausgelassenes Wochenende in Hamburg. Der Hafen liegt ihr direkt zu Füßen, das Partyviertel Reeperbahn in Laufweite, U- und S-Bahnstation vis-à-vis. Zur Auswahl stehen 8er-Schlafräume mit Panoramablick über die altehrwürdigen Landungsbrücken oder anständige Zwei- und Mehrbettzimmer. Tipp: Der Stintfang liegt auf einer für Norddeutschland stattlichen Anhöhe – also genug Puste für den nächtlichen Rückweg einplanen! *DZ ab 69, Bett im Mehrbettzimmer ab 25, im Panoramadorm mit Hafenblick ab 22 Euro, Preise inkl. Frühstück und Bettwäsche, „alte" Menschen über 27 Jahre zahlen 4,50 Euro Aufschlag | 357 Betten | Alfred-Wegener-Weg 5 | Tel. 5 70 15 90 | www.djh-nordmark.de | S 1–3, U 3 Landungsbrücken | Neustadt*

MEININGER HOTEL CITY CENTER [147 E3]

„Moin, Moin" steht groß über der Rezeption – dieser locker-freundschaftliche Stil ist Programm und zieht sich durchs ganze komplett in Rot gehaltene Haus. Die Doppel- und die günstigen Mehrbettzimmer (Bettwäsche inklusive) sind schick eingerichtet und haben ein eigenes Bad mit Dusche und WC. Frühstück gibt es für 6,90 Euro, WLAN in der Lobby. Wer unter 18 Jahre alt ist, darf die Schlafsäle nicht benutzen. Die online buchbaren Tagespreise sind besonders günstig. *EZ ab 49, Bett im DZ ab 28, Bett im Mehrbettzimmer ab 19, Bett im Schlafsaal ab 13 Euro | 116 Zimmer | Goetheallee 11 | Tel. 28 46 43 88 | www.meininger-hotels.com | S 1–3, 11, 31 Altona | Altona*

SCHANZENSTERN ALTONA [147 D3]

Dieses Hostel liegt im quirligen Stadtteil Ottensen, nur einen kurzen

Fußweg von Cafés und Bars entfernt. Einige der Zimmer haben Etagenbetten, alle ein eigenes Bad mit Dusche und WC. Im Dachgeschoss gibt es Apartments mit Wohn- und Schlafzimmer, Küche und Bad, die pro Tag, aber auch zum guten Wochenpreis gemietet werden können. Das Bio-Frühstück (8 Euro) erleichtert den Start in den Tag. *EZ ab 50, DZ ab 75, 3-Bett-Zimmer ab 80, 4-Bett-Zimmer ab 90, 5-Bett-Zimmer ab 125, Bett im Mehrbett-Dorm 19,50, Apartment für 2 Pers. ab 83, für 4 Pers. ab 104 Euro | 31 Zimmer, 3 Apartments | Kleine Rainstr. 24–26 | Tel. 39 91 91 91 | www.schanzenstern.de | S 1–3, 11, 31 Altona | Ottensen*

SEEMANNSHEIM HAMBURG [130 B4]

Dies ist ein Domizil für waschechte Matrosen und originelle Kult-Unterkunft am Fuß der St. Michaelis-Kirche: Willkommen im Heim der Deutschen Seemannsmission! Die Ausstattung ist schlicht und einfach – der Unterschied zu den Kojen an Bord soll ja nicht allzu groß sein. Die Mitarbeiter sind mit Freude und manchmal auch mit Gratis-Seemannsgarn bei der Sache, teils sind es echte „gestrandete" Seebären, die anderswo

nicht mehr anheuern konnten. Wer hier nächtigt, unterstützt also auch ein wenig die karitative Arbeit der Seemannsmission. *EZ ab 42, DZ ab 76 Euro mit Frühstück | 83 Zimmer | Krayenkamp 5 | Tel. 37 09 60 | www.seemannsheim-hamburg.de | S 1, 3 Stadthausbrücke | Neustadt*

SEEMANNSMISSION [147 F4]

Das beste Hotel bei Hochwasser: Von den Fenstern aus können Sie beobachten, wenn die Elbe bei Sturmflut die Elbstraße überspült. Die Seemannsmission gehört auch heutzutage noch zu den Unterkünften für Seefahrer, die pro Nacht etwas weniger bezahlen müssen als einfache Touristen. Ein Zimmer mit Bad auf dem Gang kostet jedoch auch für Menschen ohne Seemannsausbildung nicht die Welt. *EZ ab 36, DZ ab 66 Euro, Frühstück 7,20 Euro | Große Elbstr. 132 | Tel. 30 62 20 | www.seemannsmission-altona.org | Bus 111 Sandberg, Fähre 61, 62 Altona-Fischmarkt | Altona*

SUPERBUDE HAMBURG ST. GEORG [149 F4]

Inside Tip

Schlafen, chillen und entspannen: Hier kann man sich wunschlos wohl-

Bild: Coole Optik, gute Preise – Superbude Hamburg

fühlen. Alle Zimmer des loungeartigen Hostels haben ein eigenes Bad und einen Fernseher. Jedes Stockwerk ist in einer anderen Farbe gehalten – wer mutig ist, bezieht ein Zimmer in der roten Etage, in der selbst die Badezimmer knallrot gekachelt sind. Bettwäsche, Handtücher und WLAN sind inklusive, gefrühstückt wird auf zu Sitzmöbeln umgebauten Bierkisten für 9,90 Euro. Kinder bis neun Jahre übernachten und frühstücken kostenlos. Eine weitere, ebenso coole Filiale, die Superbude St. Pauli, befindet sich in einem ehemaligen Fernmeldeamt im Schanzenviertel, einem denkmalgeschützten Ziegelbau *(Juliusstr. 1–7). DZ ab 65, 4-Bett-Zimmer ab 95, 6-Bett-Themenzimmer ab 140 Euro | 71 Zimmer | Spaldingstr. 152 | Tel. 38 08 78 0 | www.superbude.de | S1, 2, 11, 21, U2, 3 Berliner Tor | St. Georg*

WOHNBÖRSEN & APARTMENTS

AGENTUR AM FISCHMARKT [130 C4]

Hier können Sie individuelle Zimmer und Ferienwohnungen an den Hotspots St. Pauli, Hafen und am Michel mieten. Diese sind meist modern ausgestattet, manchmal mit Blick in schön begrünte Hamburger Hinterhöfe und in der Regel mit guter Anbindung an die touristischen Attraktionen (falls man nicht direkt nebenan wohnt). Selbst die Ein-Zimmer-Apartments lassen sich meist mittels Schlafcouch mit bis zu vier Schläfern nutzen. Auch wenn's dann nachts kuschelig eng wird, macht nix – das Hamburger Lebensgefühl geht ja gleich vor der Haustür los. *EZ ab 40, DZ ab 60, Apartment ab 75 Euro | Deichstr. 21 | Tel. 89 00 08 90 | www.agentur-fischmarkt.de | U3 Baumwall*

ASIA APARTMENTS & GÄSTEHAUS [140 A5]

Dieses schnuckelige kleine Häuschen für zwei, die sich gern haben, liegt beschaulich im Garten einer schönen alten Stadtvilla nicht weit von Sternschanze und Generalsviertel. Es gibt ein Doppelbett, viele geschmackvolle Deko- und Ausstattungsdetails, dazu Telefon und Fernseher, WC und Duschbad, allerdings keine Küche – dafür jede Menge Cafés und Bars um die Ecke. Zudem vermieten die Besitzer für Besucher, die einen längeren Hamburg-Aufent-

Inside Tipp

halt planen, ganz in der Nähe monatsweise ein charmantes Ein-Zimmer-Apartment mit Blick auf den beschaulichen Isebekkanal. *Gästehaus 48 Euro, Apartment auf Anfrage (jeweils mit Platz für 2 Pers.), Bettwäsche inkl., bei nur einer Nacht Endreinigung ab 30 Euro | 1 Gästehaus und 1 Apartment | Heinrichstr. 1 | Tel. 3 89 23 90 | www.asia-apartments.de | Bus 15 Schulterblatt | Eimsbüttel*

HAMBURG-LODGE

Wer mindestens drei Tage in der Hansestadt bleiben möchte, sollte sich das Internetportal dieser Hamburger Agentur anschauen. Vom Ein-Zimmer-Apartment mit Küche und Balkon in Wohnbezirken wie z. B. Bramfeld (75 Euro pro Nacht für zwei Personen) bis zur traumhaft schönen Altbauwohnung mit Dielenfußboden und voll ausgestatteter Küche in zentralen Vierteln wie Ottensen können Sie viele verschiedene Unterkünfte buchen. Die Preise sind so unterschiedlich wie die angebotenen Unterkünfte (es gibt auch einzelne Zimmer), d. h. hier ist für jeden Geschmack und jedes Reisebudget etwas dabei. Es lohnt sich, auf der Website nach Last-Minute-Angeboten Ausschau zu halten. *www.hamburg-lodge.de*

WG GESUCHT

Wer etwas länger in Hamburg bleiben möchte – eine Woche, einen Monat oder ein halbes Jahr –, findet hier Zimmer zur Zwischenmiete in WGs und Wohnungen, meist von Privatanbietern. Die Preise für Wochen- oder Monatsmieten sind oft deutlich günstiger als in Hostels oder billigen Hotels, manches Zimmer wird sogar tageweise für unter 20 Euro angeboten. Ein schöner Nebeneffekt: In WGs gibt's die netten Mitbewohner gratis dazu. *www.wg-gesucht.de*

ZIMMER FREI HAMBURG

Diese Agentur vermittelt Zimmer und Wohnungen von privat in allen Ecken Hamburgs. Von absolutem Basic bis Jugendstil-Ambiente ist für jeden etwas dabei. Frühstück kostet meist 5 Euro, teils werden Bad und WC mit dem Gastgeber gemeinsam genutzt – einfach mal nachfragen. *DZ ab 41 Euro, Frühstück ca. 5 Euro | etwa 35 Zimmer und Apartments | Tel. 27 87 77 77 | www.zimmerfrei-hamburg.de*

HOTEL WEDINA [131 B1]

Das Hotel Wedina ist das Literatenhotel der Stadt. Hier nächtigen Schriftsteller umsonst, die im Hamburger Literaturhaus lesen, und als Dank hinterlassen sie signierte Bücher. Die fünf Stadthäuser liegen im Stadtteil St. Georg in einer hübschen Seitenstraße. Die Zimmer der mittleren Kategorie kosten je Doppelzimmer 145 Euro inklusive Abendprogramm: 🐷 Als Gast des Hotels zahlen Sie keinen Eintritt bei den Lesungen im Literaturhaus und im Hotel, wenn Sie das Zimmer direkt beim Hotel buchen. Ihre Reiseliteratur können Sie also getrost zu Hause lassen. *EZ ab 80, DZ ab 145 Euro ohne Frühstück | 59 Zimmer | Gurlittstr. 23 | Tel. 28 08 90 00 | www. hotelwedina.de | Bus 6 Gurlittstraße | St. Georg*

THE GEORGE [149 F2]

„Gestatten, George. The George!". Very British geht es in diesem modernen Design-Hotel mit 118 Zimmern und sieben Suiten in unmittelbarer Alsternähe zu. Das Hotel bewegt sich mit Zimmerpreisen ab 125 Euro pro Nacht zwar preis-

lich am unteren Ende der Luxusklasse-Skala, es fühlt sich aber nicht so an: Dicke Teppiche, Club Rooms und eine Bibliothek mit Kamin machen das James-Bond-Gefühl perfekt. Highlights sind sicherlich die exzellente Bar (natürlich mit tollem Martini!) und die Dachterrasse des Spa-Bereichs mit einer Hammer-Aussicht auf die Außenalster. *DZ ab 125 Euro ohne Frühstück | 125 Zimmer | Barcastrasse 3 | Tel. 890 62 428 | www.thegeorge-hotel.de | S-Bahn Hauptbahnhof, U1 Lohmühlenstraße | St. Georg*

Inside Tipp

MÖVENPICK HAMBURG [148 B1]

Das Mövenpick Hotel Hamburg ist in einem Wasserturm aus dem 19. Jh. untergebracht, das Schanzenviertel beginnt gleich nebenan. Die Zimmer sind schick, die Betten weich, der Service ist superb. Wer früh bucht oder mehrere Nächte bleibt, bekommt bis zu 30 Prozent Rabatt auf den Zimmerpreis und zahlt dann z. B. nur noch ca. 116 Euro inkl. Frühstück fürs DZ. Beim „Happinest-Familienangebot" gibt es 50 Prozent Rabatt auf ein weiteres Zimmer mit Ver-

LUXUS LOW BUDGET

bindungstür, und Kinder bis sechs Jahre speisen kostenfrei. *226 Zimmer | Sternschanze 6 | Tel. 3 34 41 10 | www.moevenpick-hotels.com | U3, S 11, 21, 31 Sternschanze | Schanzenviertel*

STEIGENBERGER [130 C3]

Relativ erschwinglich wird der Aufenthalt im Steigenberger Hotel Hamburg – ein 5-Sterne-Haus direkt am Alsterfleet – mit dem Frühbucherrabatt bis zu sieben Tage vor dem Aufenthalt. Wer sich

mehrere Monate im Voraus festlegt, bekommt das Zimmer z. B. im „Winterspecial" 25 Prozent günstiger als in der Tagesrate angegeben (ohne Frühstück). Das Beste: Der Zimmertyp wird erst bei Anreise vergeben – es kann also ein Upgrade in eine höhere Kategorie geben. *EZ, DZ im Frühbuchertarif ab ca. 134 Euro | 233 Zimmer | Heiligengeistbrücke 4 | Tel. 36 80 60 | www.steigenberger. com/hamburg | S 1–3 Stadthausbrücke, U 3 Rödingsmarkt | Neustadt*

The George: Wohnen wie Gott in Großbritannien

> Die besten Abenteuer gibt's meist umsonst: Wo große und kleine Leute in Hamburg Spaß haben

Wer mit Kindern etwas unternimmt, der kann manchmal wahre Wunder erleben. Das Ziegengehege ist viel spannender als das Terrarium für seltene Schlangen, das teure Geburtstagsgeschenk total langweilig im Vergleich zur Wasserpumpe im Park und der riesige Walzahn fesselnder als der neueste Kinderstreifen im Kino. Anders gesagt: Die teuren Freizeitvergnügungen bringen nicht unbedingt den meisten Spaß. Deshalb finden Sie hier alles, was lustig ist, neugierig macht und klug – ohne dabei viel Geld zu kosten. In Hamburg gibt's sogar jede Menge kostenlose Angebote für Familien:

Parks mit Planschbecken, in denen man im Sommer umsonst toben kann, ein Zoologisches Museum, das zur Uni gehört und keinen Eintritt kostet, oder einen Bauspielplatz, auf dem die Kleinen Meerschweinchen beobachten, Stockbrot backen oder auf einem Traktoranhänger durch den Park tuckern können. Wir haben eine klare Grenze gezogen: Was für eine vierköpfige Familie mehr als 30 Euro Eintritt kostet, ist nicht günstig, damit – wir geben's zu – fallen ein paar Hamburger Klassiker raus aus dem Programm. Der guten Laune tut's keinen Abbruch: Tauchen Sie ein ins Hamburger Familienleben!

MIT
KINDERN

AUSSICHTSTERRASSE UND FLUGSHOW
AM AIRPORT [152 C2]

Mama, das ist keine Boeing, das ist ein Airbus! Der internationale Flughafen der Stadt heißt Hamburg Airport, ist der fünftgrößte Deutschlands und im Gegensatz zu anderen Flughäfen kinderleicht zu erreichen. In nur 25 Minuten bringt die S-Bahn kleine und große Flugzeugfans vom Hauptbahnhof dorthin, wo die Flieger abheben. Entdecken lässt sich eine Menge, 🐷 z. B. können Besucher von den Aussichtsterrassen in Terminal 1 und 2 auch ohne Ticket übers riesige Rollfeld blicken. Bei der Mini-Flugshow erfahren Nachwuchs-Pilotinnen und künftige Stewards von den engagierten Mitarbeitern alles darüber, was auf einem Flughafen passiert. Spannend auch für Erwachsene. *Modellschau Mo–So 10 u. 13.30, Sa, So auch 16 Uhr, Erw. 5 Euro, Kinder 3 Euro, Familienkarte 14 Euro | Flughafenstr. 1–3 | www.airport.de | S1 Hamburg Airport | Fuhlsbüttel*

CAFÉ STERNCHANCE [148 B1]

Im Sommer spielen die Kinder wunderbar draußen auf dem Spielplatz im Garten des Cafés in Sichtweite der Eltern, im Winter gibt's im Innenbereich eine Lego-Ecke sowie Malutensilien. Frau Holle, Sterntaler, Max und Moritz stehen auf der Kinderkarte im Café und Culturhaus Sternschanze – es handelt sich dabei um Pfannkuchen, Bratkartoffeln und

Kartoffelpuffer, jeweils für zivile 2,80 Euro. Auch die Preise für die Erwachsenenspeisen sind durchaus familienverträglich: Die meisten Hauptgerichte kosten nämlich um die 10 Euro. *Di–Fr 11–24, Sa 10–23, So 10–21 Uhr | Schröderstiftstr. 7 | Tel. 4 30 11 68 | www.sternchance.de | U 2, 3 Schlump | Schanzenviertel*

CHOCOVERSUM [131 E4]

In diesem Universum dreht sich alles um Schokolade. Ob man den Ur-

waldklängen in einer großen Nachbildung der Kakaobohne lauscht, verschiedene Schokoladengewürze erschnuppert oder den Weg der Bohne zur fertigen Tafel in einem kleinen Kino beobachtet, alle Sinne kommen zum Einsatz. Die großzügige Ausstellungsfläche bietet genug Raum zum Entdecken (z. B. echte Kakao- und Gewürzpflanzen). Kinder bis sechs Jahre haben freien Eintritt, Erwachsene zahlen bei Vorab-Onlinebuchung 12 Euro (ermäßigt 11

Schöner Spielplatz für Kids, die Großen essen derweil Kuchen: Café Sternchance

Euro), eine Familienkarte gibt es ab 34 Euro. Im Preis enthalten sind Führungen (Zeiten siehe Website), bei denen die Geschmacksnerven gekitzelt werden: Von der Rohmasse bis zum Endprodukt darf Schokolade verkostet werden – eine süße Freude für jedes Alter. *Mo–So 10–18 Uhr | Meßberg 1 | Tel. 41 91 23 00 | www. hachez-chocoversum.de | U1 Meßberg | Altstadt*

EISLAUFBAHN
PLANTEN UN BLOMEN [130 A3]

Europas größte und schönste Kunsteislaufbahn unter freiem Himmel liegt im Park Planten un Blomen – und hat natürlich nur im Winter geöffnet. Hier gibt es Eislaufen mit hohem Nostalgiefaktor, einem Café, guter Musik und jeden Fr und Sa die Eisdisko für Teenies *(ab 20 Uhr).* Von Mitte März bis Oktober verwandelt sich die Eis-in eine **kostenlose Rollschuh- und Skaterbahn**. *Kinder bis 18 Jahre 3,90 Euro, Erwachsene 5,50 Euro (2,5 Std.), Schlittschuhverleih ab 5 Euro | tgl. 10–22 Uhr (Di nur bis 20 Uhr) | Große Wallanlage, Eingang Holstenwall | Tel. 74 20 39 90 | www.eisarena-hamburg.de | Bus 112 Handwerkskammer | Neustadt*

Insider Tipp

SALON DU BLOC [148 A5]

Schon wieder Regen? Wer wird denn deshalb gleich die Wand hochgehen? In der Hamburger City sind das Eltern und ihre Kids ab zehn Jahren (samstags ab acht Jahren). Denn das Weltbouldercafé bietet indoor 400 m^2 Kletterfläche in einer Höhe von bis zu 4,50 m, und wer unter der Woche vor 16.30 Uhr kommt, zahlt weniger. Da alles mit Matten ausgelegt und gesichert ist, muss man beim Üben nicht mal angeseilt sein. Wenn sich's ausgeklettert hat, geht man auf den Lounge-Balkon und schlürft Bio-Kaffee, im Shop gibt es Kletterklamotten, und eine Sauna fehlt auch nicht. Da kann man auch mal ohne Kinder wiederkommen ... *Eintritt vor 16.30 Uhr: Kinder bis 17 Jahre 6 Euro, Erw. 7,50 Euro | Mo, Mi 15–24, Di, Do 10–24, Fr 15–22, Sa 12–18, So 12–22 Uhr | Tel. 84 50 85 13 | Eppendorfer Weg 4 | www.salondubloc. de | U2 Christuskirche | Eimsbüttel*

SPIELSTADT HAMBURG XXL [134 B3]

Ab ins Bällebad, die Kletterwand hinauf oder den 8 m hohen Tower mit vielen Spielmöglichkeiten erklimmen: Die Spielstadt Hamburg XXL bietet Spielspaß für Kinder bis zwölf

Jahre. Der citynahe Indoorspielplatz hat ein Bistro und spezielle Frühstücksangebote für Familien. Die Eintrittspreise variieren: Montag bis Freitag von 9.30 bis 12 Uhr zahlen die Eltern nur 2,50 Euro (Kinder 7,90 Euro). Nachmittags zahlen Eltern 4,50 Euro. Die Familienkarte (2 Erw., 2 Kinder) kostet 21 Euro unter der Woche und 24 Euro am Wochenende. *Mo–Fr 9.30–19, Sa, So, feiertags 10–19 Uhr | Niendorfer Weg 11 | Tel. 55 44 98 84 | www.spielstadt-hamburg.de | Bus 23 Stavenhagenstraße | Groß Borstel*

CLEVER!

> Tipps aus dem Netz

Das Internetportal der Stadt Hamburg informiert Familien über interessante und nützliche Angebote, Sehenswürdigkeiten und Veranstaltungen für große und kleine Leute, wie über den von der Hansestadt veranstalteten Familientag, der jedes Jahr während des Sommers stattfindet *(www.hamburg.de/familientag)*. Eine weitere gute Quelle für aktuelle Veranstaltungstipps ist die Website des Jugendinformationszentrums Hamburg: *www.kindernetz-hamburg.de.*

LESUNGEN & THEATER

FUNDUS THEATER [150 B2]

Schon seit 1980 gibt's das Fundus Theater in Hamburg, das Stücke für Kinder zwischen drei und zwölf Jahren auf die Bühne bringt. „Jedes Stück ein eigener Kosmos" lautet das Motto der Theatermacherinnen Sylvia Deinert und Tine Krieg, denn auf der Bühne werden Schauspiel, Figurentheater, Film, Tanz und Musik gemixt. Neben Klassikern stehen Gastspiele und selbst entwickelte Stücke auf dem Programm. *Kinder 7,50 Euro, Erwachsene 8,50 Euro | Termine lt. Programm | Hasselbrookstr. 25 | Tel. 2 50 72 70 | www.fundus-theater.de | S 1, 11 Landwehr | Eilbek*

KINDERBIBLIOTHEK KIBI [149 E4]

Viele Standorte der Bücherhallen Hamburg bieten auch Programme für Kinder an. Besonders viele Termine finden Eltern aber in der Kibi am zentralen Standort. Hier gibt es Bilderbuchkino, Klangwerkstätten, Theater und natürlich Bücher und CDs zuhauf. Der Eintritt ist überall frei. Man kann aber auch einfach so ein Schmökerstündchen in der Bibliothek verbringen. Sie liegt gleich beim Hauptbahnhof. *Mo–Sa 10–19 Uhr |*

*Hühnerposten 1 | Tel. 42 60 60 | www.
buecherhallen.de | U 1 Steinstraße |
St. Georg*

LITERATURHAUS [149 F1]

Das Literaturhaus Hamburg bietet
für Kinder und Jugendliche unter 25
Jahren regelmäßige Veranstaltungen.
🐷 Bei „Spaß mit Büchern" erleben
Vor- und Grundschüler Lesungen,
Theaterstücke, Comics und Hör-
spiele, der Eintritt ist frei. Der „sta*-
club" wendet sich an Jugendliche ab
14 Jahren. 🐷 Fünfmal im Jahr haben sie die Chance, gratis Autoren zu
Lesungen zu treffen. Fest im Programm ist auch „Gedankenflieger",
eine Veranstaltung, bei der kleine
Leute ab sieben Jahren mit interes-
santen großen Leuten philosophi-
schen Fragen nachgehen. *Literatur-
haus Hamburg e.V. | Schwanenwik
38 | Tel. 22 70 20 11 | www.julit-
hamburg. de | Bus 6 Averhoffstraße |
Uhlenhorst*

MUSEEN

FREILICHTMUSEUM AM
KIEKEBERG [152 C4]

🐷 In diesem Museum zahlen Kinder und Jugendliche unter 18 Jahren
keinen Eintritt und können viel entdecken, z. B. wie Pommersche Gänse
aussehen oder wie man früher
schmiedete oder webte und Land-
wirtschaft betrieb. 30 historische Gebäude erzählen vom Leben zwischen
1600 und den 1950er-Jahren, und
überall gilt: Anfassen ist erlaubt! Oft
kann man den Mitarbeitern beim
Handwerken zusehen. Erwachsene
zahlen 9 Euro. Falls die Kleinen noch
nicht so gut laufen: An der Kasse
gibt's gegen Pfand einen Bollerwa-
gen. *Di–Fr 9–17, Sa, So 10–18 Uhr |
Am Kiekeberg 1, 21244 Rosengar-
ten | Tel. 7 90 17 60 | www.kiekeberg-
museum.de | Bus 340, 4244 Museum
Kiekeberg*

HAFENMUSEUM [152 C3]

Das Hafenmuseum ist vielleicht das
schönste Museum der Stadt. Hier
gibt es alte Schiffe wie den Stückgut-
frachter MS Bleichen, einen echten
Dampfkran, armdicke Taue, die rum-
liegen, grasüberwucherte Gleise, einen restaurierten Schuppen, in dem
zig Exponate die Geschichte des Ha-
fens zeigen, und es gibt vor allem die
ehrenamtlichen Mitarbeiter: Echte
Seemänner (und ein paar Frauen), die
erzählen, wie Schifffahrt so geht.
🐷 Ein prima Platz für Kinder, die

bis 18 Jahre keinen Eintritt zahlen müssen. In der Kaffeeklappe gibt es z.B Kaffee für weniger als 2 Euro. *Erw. 6,50, erm. 4 Euro | April–Okt. Mo, Mi–Fr 10-17, Sa, So 10–18 Uhr | Kleiner Kopfbau Schuppen 50A | Tel. 73 09 11 84 | www.hafenmuseum-hamburg.de | Bus 256 Australia-straße | Grasbrook*

ZOOLOGISCHES MUSEUM DER UNIVERSITÄT HAMBURG [140 B5]

Hier gibt es ein Wiedersehen mit Antje, dem einst 750 kg schweren Walross, das über 20 Jahre NDR-Maskottchen war und 2003 starb. Die Tiere im Zoologischen Museum sind – wie Antje – allesamt präpariert. Angestaubt ist die Ausstellung trotzdem nicht, sondern für Eltern mit Kindern ein lebendiger Ausflug in die wunderliche Welt der Tiere: Skelette und Gebisse von Walen, Raubkatzen und viele ganz kleine Krabbeltiere – mit rund 10 Millionen (!) Objekten ist die Sammlung eine der wichtigsten in Deutschland. Der Eintritt ist frei. *Di–So 9–17 Uhr, feiertags geschl. | Martin-Luther-King-Platz 3 | Tel. 4 28 38 22 76 | U2, 3 Schlump | Eimsbüttel*

PARKS & NATUR

BOBERGER SEE [0]

Er entstand in den 1950er-Jahren, weil man Kies für den Bau von Straßen brauchte: Der Boberger See liegt im Naturschutzgebiet Boberger Nie-

CLEVER!

> Umsonst planschen

Zahlreiche Spielplätze bieten im Sommer große Planschbecken oder Spielmöglichkeiten an der Wasserpumpe. Die Becken werden im Hochsommer regelmäßig gereinigt bzw. neu eingelassen. Schöne Bademöglichkeiten gibt es z.B. im **Hayns Park** *(U 1 Hudtwalckerstraße)*, beim großen **Spielplatz im Stadtpark** *(U 3 Borgweg)* oder im **Park am Weiher** *(Bus 20, 25 Goebenstraße)*. Wasserspiele mit Pumpe stehen auf dem **Spielplatz Planten un Blomen** *(U 1 Stephansplatz)* sowie im **Innocentiapark** *(U 3 Hoheluftbrücke)*. In Betrieb sind die Anlagen aber nicht immer schon gleich am ersten schönen Sommertag!

MIT KINDERN

derung und bietet Strand und Sanddünen. Der Badestrand am Nordostufer ist für Familien geeignet und an schönen Sommertagen ein Ganztages-Ausflugsziel. Die Landschaft im Südosten der Hansestadt ist eine der artenreichsten Hamburgs. *Eintritt frei | Zugang z. B. über Billwerder Billdeich | Bus 330 Billwerder Kirche | Lohbrügge*

STADTPARK 🐷 [141 E–F3]

Der im Stadtteil Winterhude gelegene Stadtpark ist mit einer Fläche von knapp 150 ha nicht nur die drittgrößte Grünfläche der Hansestadt, sondern hat für den erholungssuchenden Hamburger auch eine bunte Palette an Freizeitangeboten parat: Von Planetarium über Freilichtbühne und Minigolf-Anlage bis hin zu Naturfreibad und Stadtparksee mit Bootsverleih gibt es hier Fun für die ganze Familie. Oder man begibt sich bei entsprechendem Wetter einfach zum Sonnen, Grillen, Chillen oder Fußballspielen auf eine der unzähligen Wiesen. Die Highlights für Kinder sind auf jeden Fall der riesengroße Spielplatz mit angrenzendem 3000 m² großem Planschbecken sowie das Modell-

bootbecken. *Eintritt frei | U 3 Borgweg (Stadtpark)/Saarlandstraße | Winterhude*

SCHWIMMBÄDER

FESTLAND [147 F3]

Achtung, Dinos am Wasser: Das Festland punktet mit Deutschlands größter Wasserspiellandschaft, die 900 m² groß ist, konzipiert speziell für größere Kinder bis zwölf Jahre. Außerdem gibt es eine Rutsche, geheimnisvolle Höhlengänge und Meerjungfrauen-Schwimmen. Eine vierköpfige Familie bezahlt für drei Stunden 18 Euro. *Mo–Fr 9–23, Sa, So 10–23 Uhr | Holstenstr. 30 | Tel. 18 88 90 | www.baederland.de | S 1–3 Reeperbahn | Altona-Altstadt*

FREIZEITBAD BONDENWALD [133 E1]

Das Bondenwald-Bad hat einen eigenen Kleinkindbereich, in dem die Zeit für kleine Leute – und damit auch für große – wie im Flug vergeht. Weitere Highlights: ein ganzjährig nutzbares Außenbecken, im Sommer zusätzlich ein 50-m-Becken mit Rutsche sowie ein Kinder- und Matschspielplatz, auf dem die Kids sich richtig austoben können. Eine vierköpfige Familie zahlt für drei

insider
tipp

Stunden 18 Euro. *Mo–Fr 9–22, Sa, So 8–22 Uhr | Friedrich-Ebert-Str. 71 | www.baederland.de | Tel. 18 88 90 | Bus 5, 191 Freizeitbad Bondenwald | Niendorf*

HOLTHUSENBAD [140 C2]
Das im wunderschönen Jugendstil errichtete Haus mit zwei großen Badehallen (eine davon mit Wellenbad) mit umlaufenden Emporen bietet bei kuscheligen 32 Grad Wassertemperatur (in der Thermenhalle) ein tolles Badeerlebnis für die ganze Familie und ist perfekt mit der U-Bahn zu erreichen. Ein Erwachsener und ein Kind zahlen für drei Stunden 12,80 Euro, zwei Erwachsene plus Kind 20,30 Euro, jedes weitere Kind 3 Euro. *Mo–Fr 9–23 Uhr, Sa, So 10–23 Uhr | Goernestr. 21 | Tel. 18 88 90 | www.baederland.de | U 1, 3 Kellinghusenstraße | Eppendorf*

SHOPPING
WÜRMERKISTE [140 B3]
Nein, die Würmerkiste ist kein Beerdigungsinstitut, sondern ein Secondhand-Laden für die lieben Kleinen. Im Angebot finden sich neue und neuwertige Baby- und Kinderkleidung (von Größe 50 bis 134) von den üblichen Kindermarken, aber auch viele originelle Stücke von skandinavische Designern plus jede Menge praktischer Dinge rund ums Kind wie Tragehilfen, Heizstrahler, Kinderwagen, Buggys etc. Und wer möchte, kann auch gleich vor Ort alte Sache versetzen – angekauft wird immer. *Do–Di 11–18 Uhr | Gärtnerstr. 22 | Tel. 42 32 67 77 | www.wuermerkiste.com | Bus 5, 20, 25 Gärtnerstraße | Hoheluft*

ZWERGENAUFSTAND [139 E4]
Kleider, Bücher und Spiele: Bei Zwergenaufstand in Eimsbüttel gibt's für Kinder Sachen aus zweiter Hand. Wer ein bisschen stöbert, der kann in dem kleinen, verwinkelten Laden das eine oder andere Schnäppchen machen. Markenjeans z. B. kosten 6–10 Euro. Bei den Spielen und Büchern findet man viele bekannte Titel. Auch Laufräder und Buggys stehen zum Verkauf. Die Preise sind – vor allem für Markenklamotten – wirklich moderat, die Sachen kosten etwa ein Drittel des Neupreises. *Mo–Fr 10–18.30, Sa 10–14 Uhr | Lappenbergsallee 29 | Tel. 65 86 89 01 | www.second-hand-zwergenaufstand.de | Bus 4 Apostelkirche | Eimsbüttel*

MIT KINDERN

SPIELPLÄTZE

BAUI EPPENDORF [140 C1]

Unternehmungen mit Kindern müssen nicht immer viel kosten. Ein gutes Beispiel dafür ist der Bauspielplatz „Baui" im Eppendorfer Park. Auf dem ca. 2000 m² großen Gelände mit angrenzendem Spielplatz gibt es ein Spielhaus (u. a. mit Tischtennis, Kicker, Billardtisch, Computerraum, Elterncafé) sowie im Außenbereich einen Mini-Zoo mit Ziegen und Meerschweinchen, eine Feuerstelle, Traktorfahrten im Park und diverse Kreativangebote durch die Betreuer vor Ort. Kinderfahrzeuge können genauso ausgeliehen werden wie Werkzeug für den selbstständigen Hüttenbau im Wald. Ein Traum für Kinder und Erwachsene! *Mo–Fr 10–12.30 u. 14–18 Uhr | Frickestr. 1 | Tel. 46 09 05 27 | www.baui-eppendorf.de | Bus 20, 25 Eppendorfer Park (UKE) | Eppendorf*

PLANTEN UN BLOMEN [148 B2–C2]

Die Großen können hier Pflanzen gucken, aber so richtig viel Programm bietet Planten un Blomen Kindern, vor allem zwischen Mai und Ende August. Neben einem riesigen, tollen Spielplatz gibt's dann nämlich den Kindersommer: Theater, Verkehrskasper, Zirkusshows für Kinder ab vier Jahren – alles kostenfrei. Lediglich fürs Trampolinspringen (2 Euro/ 15 Min.) und fürs Minigolfen *(s. S. 43)* müssen Eltern bezahlen. *Ein-*

CLEVER!

> *Hamburger Ferienpass*

Einen Computerkurs machen, tanzen lernen, ins Museum gehen? Der Hamburger Ferienpass gilt jeweils für die Sommer- und Herbstferien. Er ermöglicht die vergünstigte Teilnahme für ganz viele Events, z. B. Sportveranstaltungen, Theater spielen oder schauen, Musikkurse, Lesungen, Besuche von Spiel- und Tierparks. Das Programmheft, aus dem sich der Pass heraustrennen lässt, gibt's kostenlos in den Filialen der Buchhandlung Heymann und des Drogeriemarkts Budnikowsky, in den Bücherhallen und bei den Bezirks- und Jugendämtern der Stadt. *www.hamburg.de/ferienpass*

gang St. Petersburger Str. | plantenunblomen.hamburg.de | U1 Stephansplatz | Neustadt

TIERE & MEHR

GUT WULFSDORF [139 D5]

Kartoffeln ernten, Tiere gucken, Plätzchen backen: Der Demeter-Bauernhof Gut Wulfsdorf in Ahrensburg nordöstlich von Hamburg bietet das ganze Jahr über ein tolles Programm für Stadtkinder, die einmal Land- und Stallluft schnuppern möchten. Die regelmäßigen Veranstaltungen kosten meist nur einen kleinen Unkostenbeitrag. Die Eltern können sich derweil einen Espresso mit Bio-Törtchen im Café genehmigen oder ganz entspannt gesunde, leckere Sachen im angeschlossenen Hofladen einkaufen. *Eintritt frei oder bis ca. 5 Euro p. P. u. Veranstaltung | Mo–Fr 9–18.30, Sa 8–16 Uhr | Tel. 04102 5 11 09 | Bornkampsweg 39, 22926 Ahrensburg | www.gutwulfsdorf.de | U1 Buchenkamp (von dort ca. 15 Min. Fußweg)*

NIENDORFER GEHEGE [140 C1]

Das Niendorfer Gehege ist das ideale Ausflugsziel für die ganze Familie, denn hier gibt es viel zu entdecken. Neben 140 ha Wald mit insgesamt 15 km Wanderwegstrecke zum Joggen, Radfahren oder Spazieren gibt es zur Freude der Kinder einen riesigen Waldspielplatz mit einem Kletterhaus, eine große Lichtung mit Damwildgehege und einen Ponyhof. Für 8 Euro können Kinder für 30 bis 45 Minuten auf einem zotteligen Vierbeiner aufsitzen. ==Geritten wird durch den Wald – natürlich unter Führung der eigenen Eltern!== *Ponyreiten 8 Euro | Di–Fr 14–17.30, Sa, So 10–17.30 Uhr | Tel. 58 23 41 | www.ponyhof-waldschaenke.de | U2 Niendorf Markt | Niendorf*

Inside Tipp

WILDPARK SCHWARZE BERGE [152 C4]

Deutlich günstiger und bestimmt nicht weniger spannend als ein Zoo: Im Wildpark Schwarze Berge südlich von Hamburg dürfen die Kleinen mit Futter aus dem Automaten viele Tiere füttern, Braunbären und Wölfe, Dachse und Zwergotter beobachten sowie Damwild aus nächster Nähe erleben. Erwachsene zahlen 10 Euro, Kinder (3–14 Jahre) 8 Euro. *April–Okt. tgl. 8–18, Nov.–März tgl. 9–16.30 Uhr | Am Wildpark 1, 21224 Rosengarten | Tel. 81 97 74 70 | www.wildpark-schwarze-berge.de | Bus 340 Wildpark Schwarze Berge*

Bild: Viel Platz zum Klettern und Toben – Spielplatz Planten un Blomen

KARTENLEGENDE

Bebaute Fläche
Built-up area   Terrain bâti

Öffentliche Gebäude
Public Building   Bâtiment public

Industriegelände
Industrial area   Zone industrielle

Wald   **Park**
Wood   Bois   Park   Parc

Sportplatz   **Kleingarten**
Sports field   Allotment ground
Terrain de sports   Jardins particuliers

Autobahn und Schnellstr.
Motorway   Motorroad
Autoroute   Route à plusieurs voies

Bundesstraße
National road   Route nationale

Ring 1, 2, 3
Traffic-Ring   Boulevard périphérique

Hauptstraße
Main road   Route principale

Eisenbahn
Railway   Chemin de fer

S-Bahn
Suburban railway   Train regional

U-Bahn
Underground   Métro

Einbahnstraße
One way street   Sens unique

Buslinie
Bus route   Autobus

Fußgängerzone
Pedestrian precinct   Zone piétonne

Ev. -   **Kath. Kirche**
Protestant church   Catholic church
Église protestante   Église catholique

Sonstige Kirchen
Other churches   Autres Églises

Post
Post office   Bureau de poste

Polizeiwache
Police Station   Poste de Police

Krankenhaus
Hospital   Hôpital

Schule
School   École

Konsulat
Consulate   Consulat

Feuerwache
Fire station   Poste de pompiers

Park and Ride
Parkplatz an S- und U-Bahnhöfen

Theater
Theatre   Théâtre

Hallenbad
Indoor swimming pool   Piscine couverte

Freibad
Open-air swimming pool   Piscine de plain air

Informationsbüro
Information centre   Bureau de renseignements

Die Kartenprojektion (Hyperboloid)
bewirkt eine Maßstabsveränderung von der Innenstadt zu den Außenbezirken.
Dadurch kann das Stadtzentrum lesbarer dargestellt werden (Lupeneffekt).
Das schwarze Gitternetz dient zum Messen der Entfernungen; der Abstand
von Linie zu Linie beträgt genau einen Kilometer.

CITYATLAS
HAMBURG

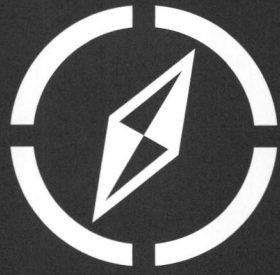

> Auf den Seiten 128/129 finden Sie eine *Übersichts-karte* mit den 10 wichtigsten Sehenswürdigkeiten.

> Eine *Umgebungskarte* vom Großraum Hamburg befindet sich auf den Seiten 152/153.

> Das *Straßenregister* (ab Seite 154) enthält eine Auswahl der im Cityatlas dargestellten Straßen und Plätze.

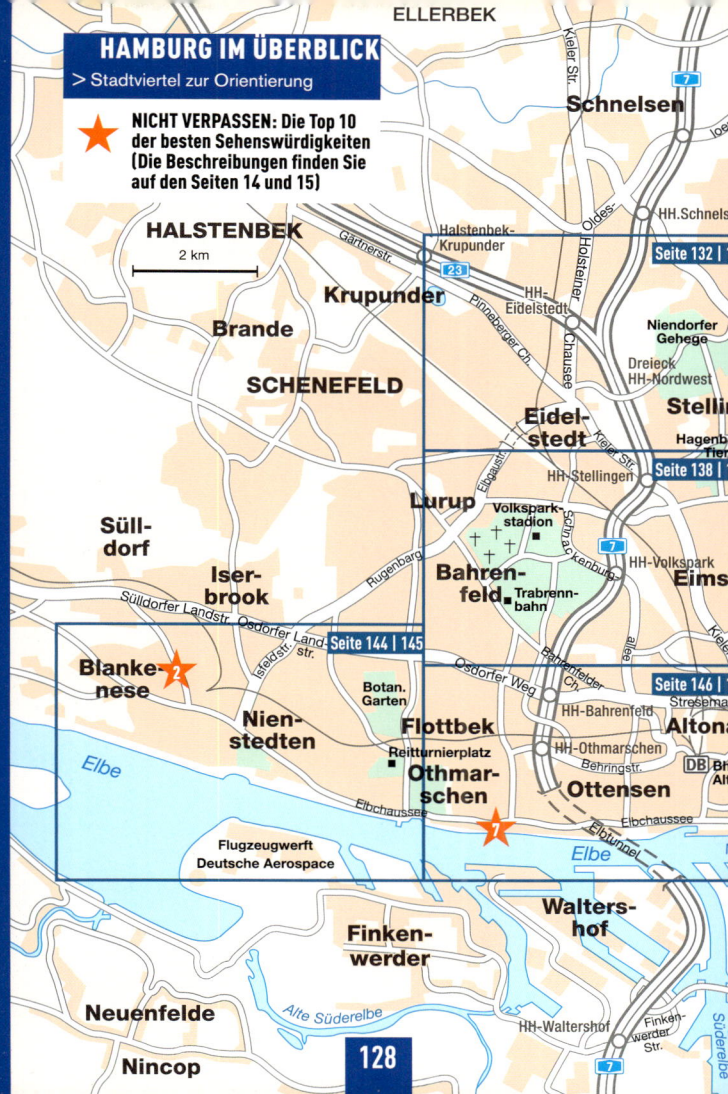

ELLERBEK

HAMBURG IM ÜBERBLICK
> Stadtviertel zur Orientierung

NICHT VERPASSEN: Die Top 10 der besten Sehenswürdigkeiten (Die Beschreibungen finden Sie auf den Seiten 14 und 15)

HALSTENBEK

2 km

Schnelsen

HH.Schnelse

Halstenbek-Krupunder

KRUPUNDER

HH-Eidelstedt

Niendorfer Gehege

Dreieck HH-Nordwest

Brande

SCHENEFELD

Eidel-stedt

Stellin

Hagenbe Tierf

HH-Stellingen

Seite 132 | 1

Seite 138 | 1

Lurup

Volksparkstadion

Süll-dorf

Iser-brook

Sülldorfer Landstr.

Osdorfer Landstr.

Bahren-feld

Trabrenn-bahn

HH-Volkspark

Eims

Seite 144 | 145

Blanke-nese

Nien-stedten

Elbe

Botan. Garten

Reitturnierplatz

Osdorfer Weg

Flottbek

HH-Bahrenfeld

HH-Othmarschen

Behringstr.

Seite 146 | 1

Altona

Strese

Othmar-schen

Ottensen

DB Bhf Alto

Elbchaussee

Elbchaussee

Elbtunnel

Elbe

Flugzeugwerft Deutsche Aerospace

Walters-hof

Finken-werder

Neuenfelde

Alte Süderelbe

HH-Waltershof

Finken-werder Str.

Süderg

Nincop

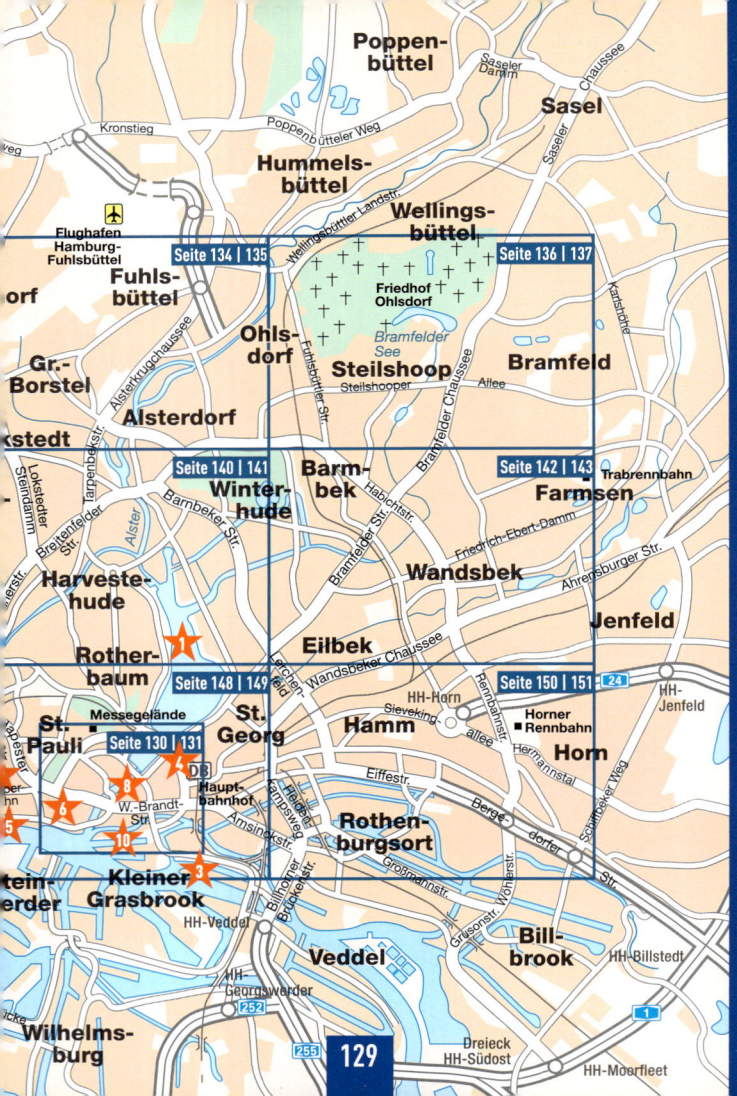

Poppen-
büttel

Sasel

Kronstieg

Saseler Damm

Poppenbütteler Weg

Hummels-
büttel

Wellings-
büttel

Flughafen
Hamburg-
Fuhlsbüttel

Seite 134 | 135

Seite 136 | 137

Fuhls-
büttel

Wellingsbütteler Landstr.

Friedhof
Ohlsdorf

Karlstr.

Gr.-
Borstel

Ohls-
dorf

Bramfelder
See

Steilshoop

Bramfeld

Alsterkrugchaussee

Fuhlsbütteler Str.

Steilshooper Allee

Bramfelder Chaussee

Alsterdorf

Seite 140 | 141

Barm-
bek

Seite 142 | 143

Trabrennbahn

Winter-
hude

Farmsen

Barmbeker Str.

Habichtstr.

Lokstedter Steindamm

Tarpenbekstr.

Breitenfelder Str.

Alster

Barmbeker Str.

Barmbeker Str.

Friedrich-Ebert-Damm

Harveste-
hude

Wandsbek

Ahrensburger Str.

Jenfeld

Rother-
baum

Eilbek

Wandsbeker Chaussee

Seite 148 | 149

Seite 150 | 151

24

HH-
Jenfeld

Lerchenfeld

Messegelände

St.
Georg

HH-Horn

Horner
Rennbahn

St.
Pauli

Seite 130 | 131

Hamm

Sieveking-
allee

Horn

Rennbahnstr.

Hermannstal

Schiffbeker Weg

W.-Brandt-
Str.

Haupt-
bahnhof

Eiffestr.

Berge-
dorfer Str.

Wöhrstr.

Amsinckstr.

Rothen-
burgsort

Kleiner
Grasbrook

Großmannstr.

Billhorner Brückenstr.

Bullenhuser Kanal

tein-
erder

HH-Veddel

Grusonstr.

Bill-
brook

HH-Billstedt

Veddel

HH-
Georgswerder

252

1

Wilhelms-
burg

255

129

Dreieck
HH-Südost

HH-Moorfleet

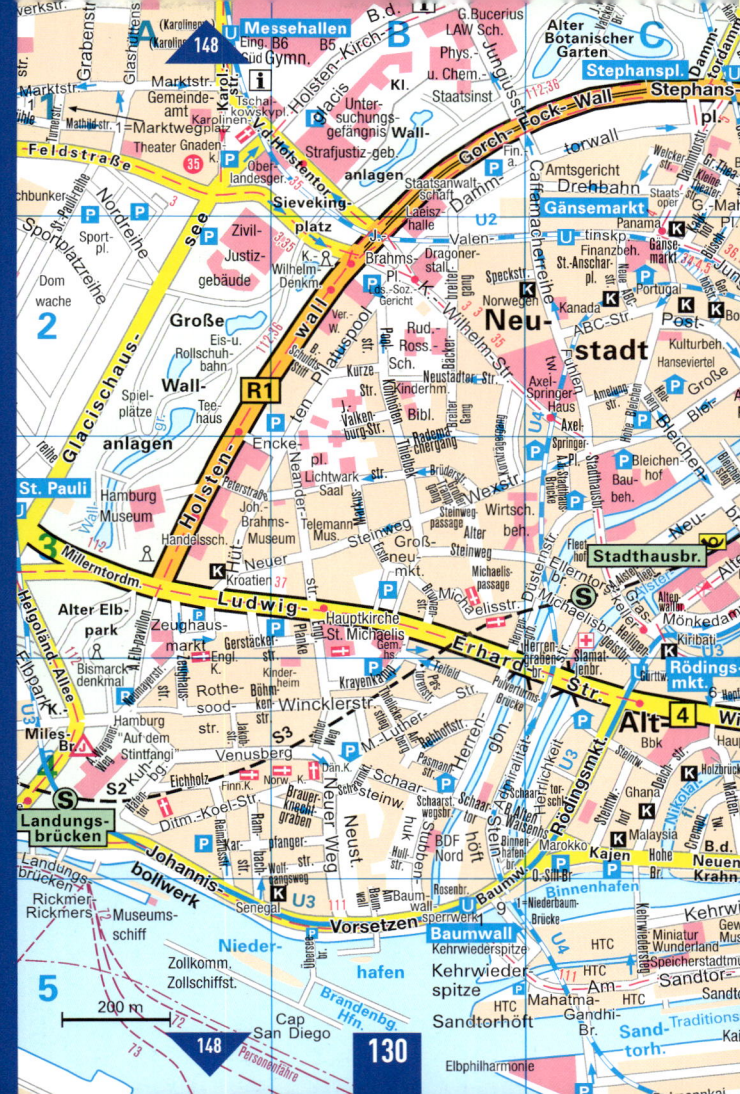

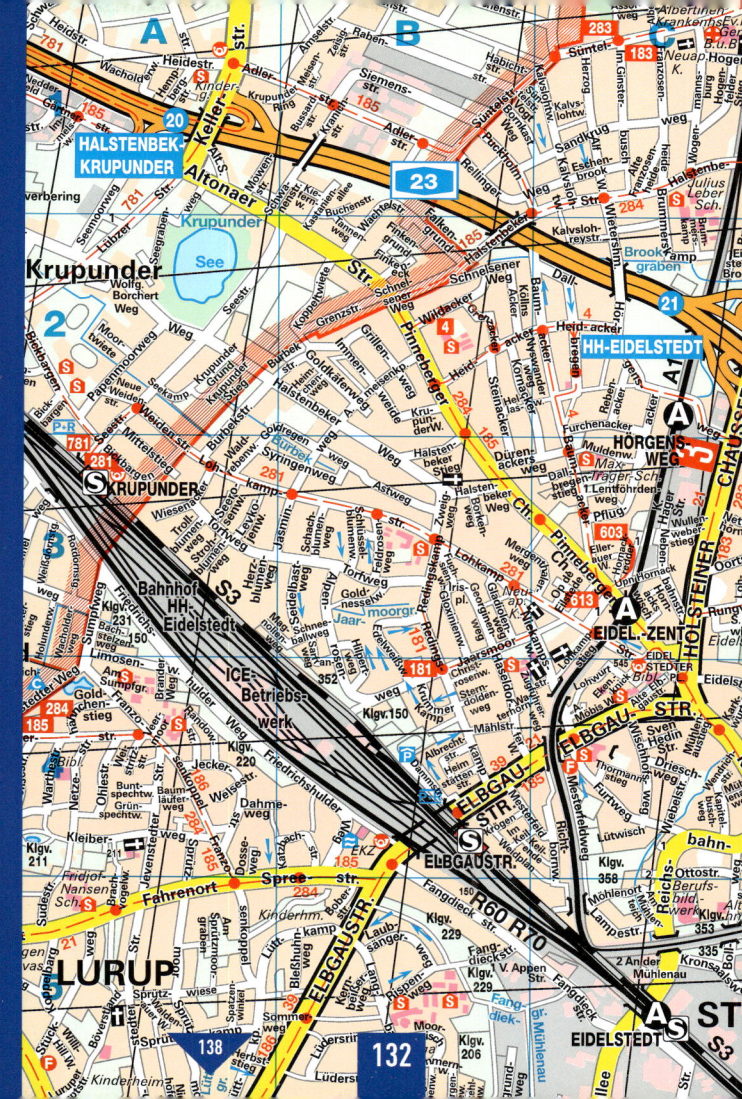

NIENDORF

Niendorfer Gehege

LOKSTEDT

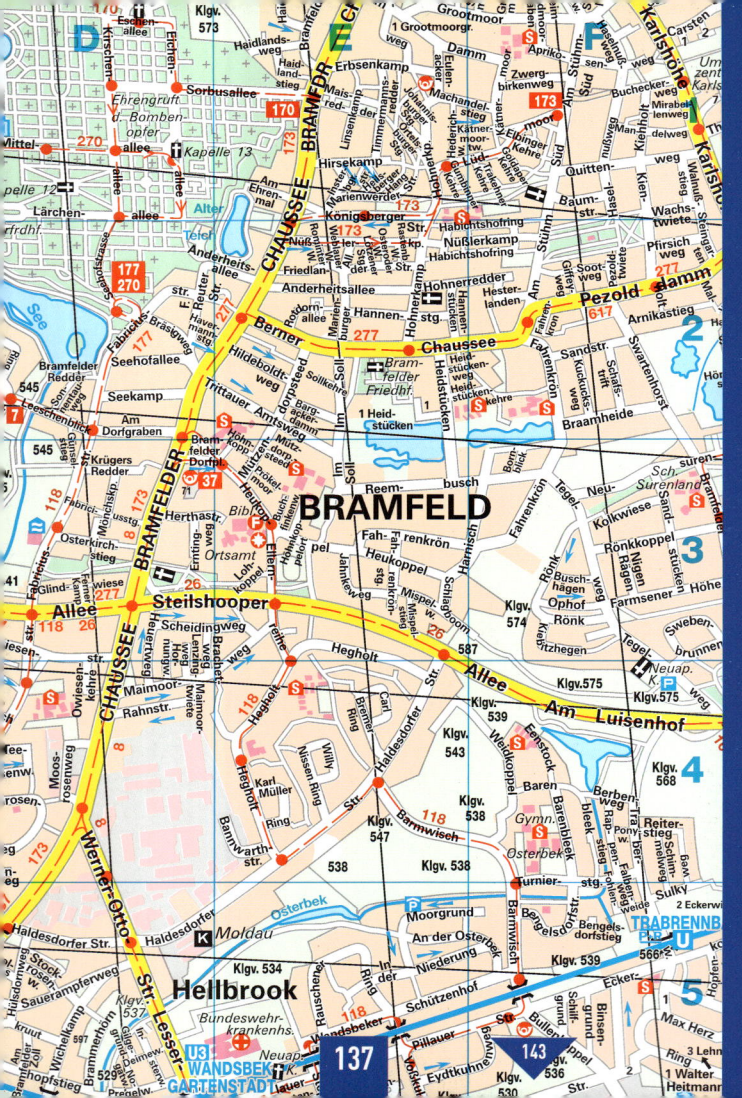

BRAMFELD

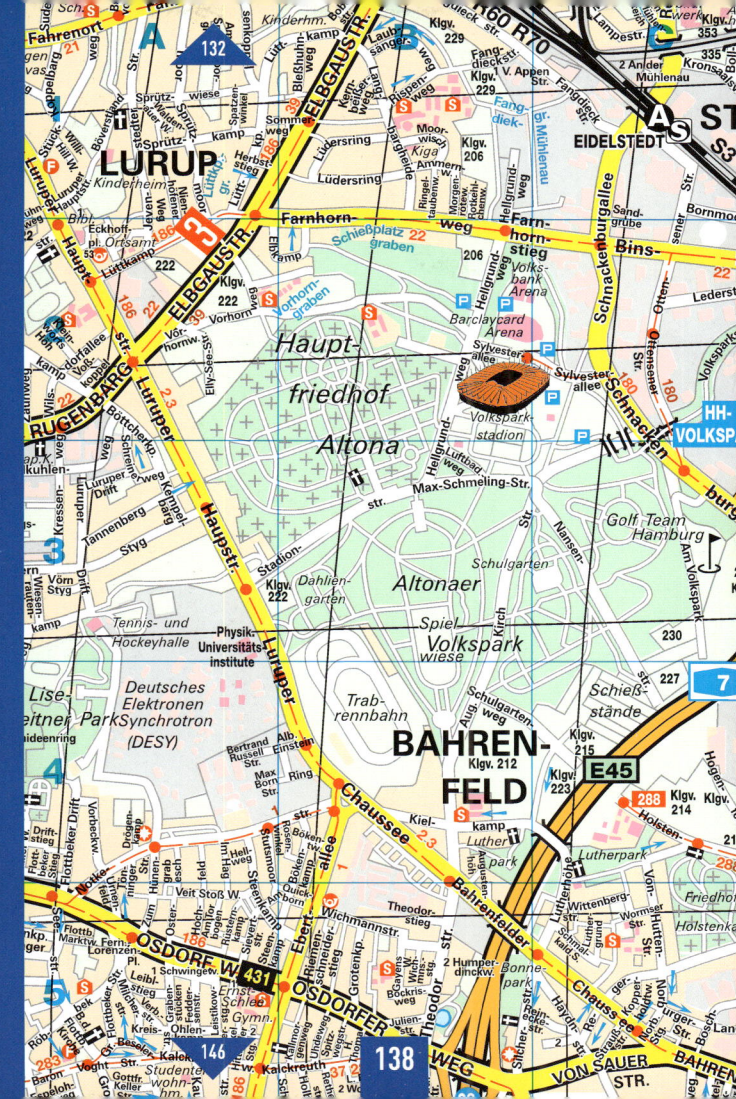

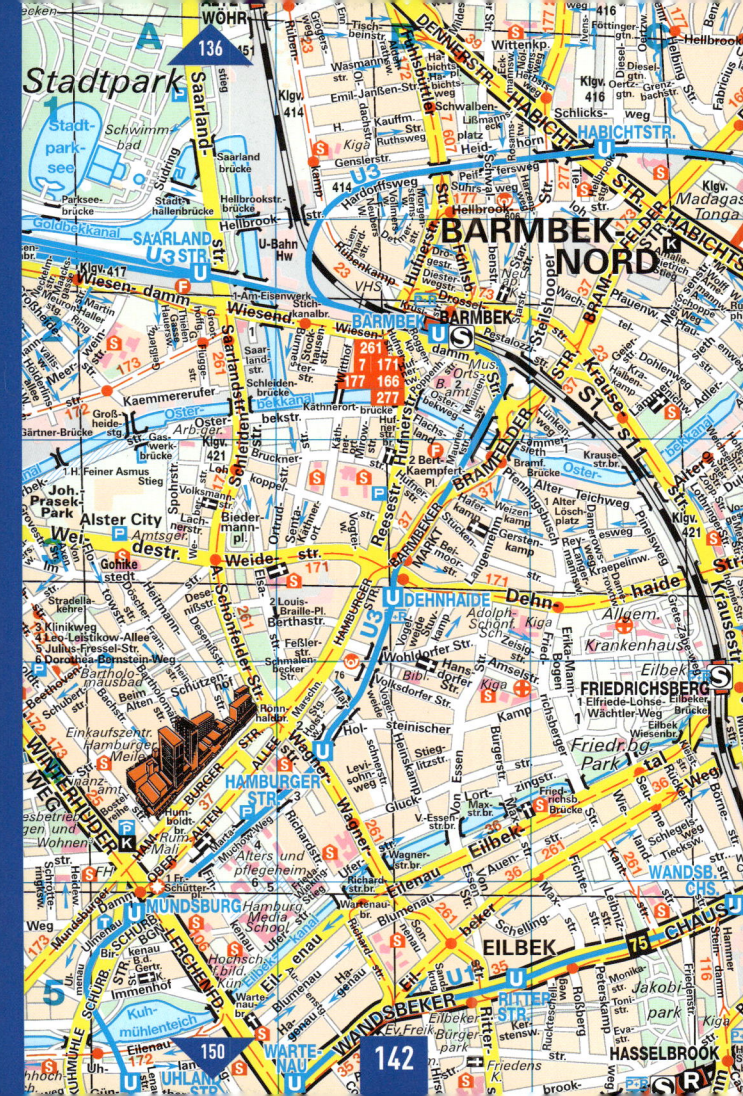

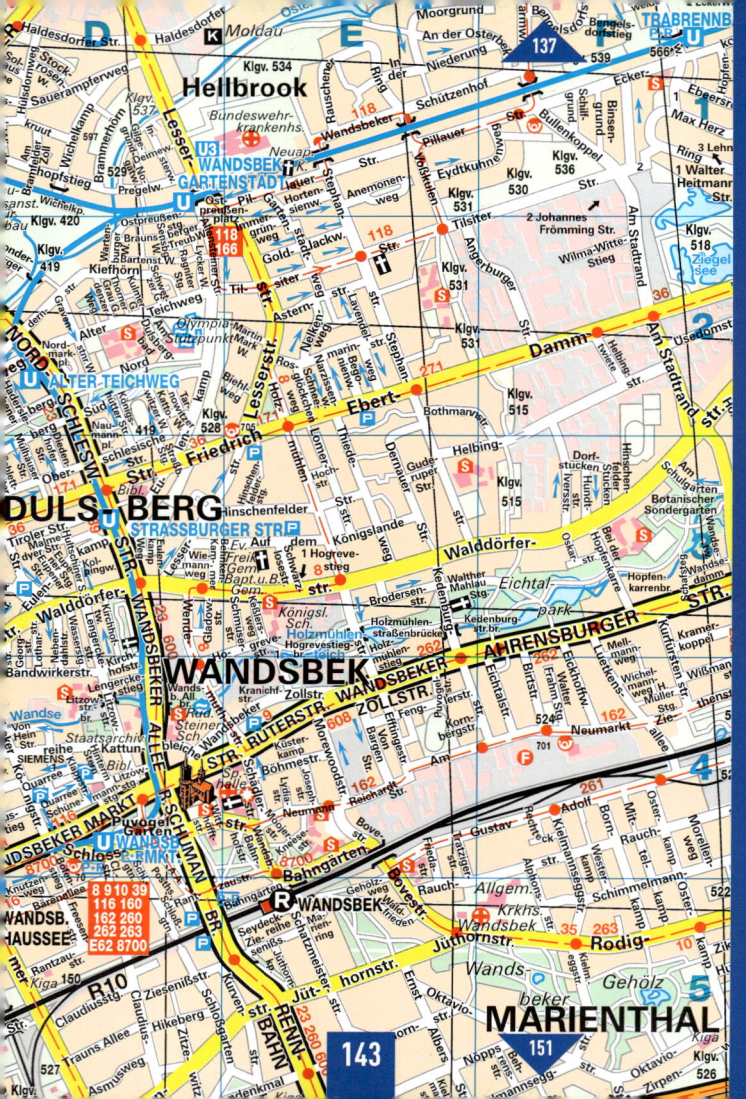

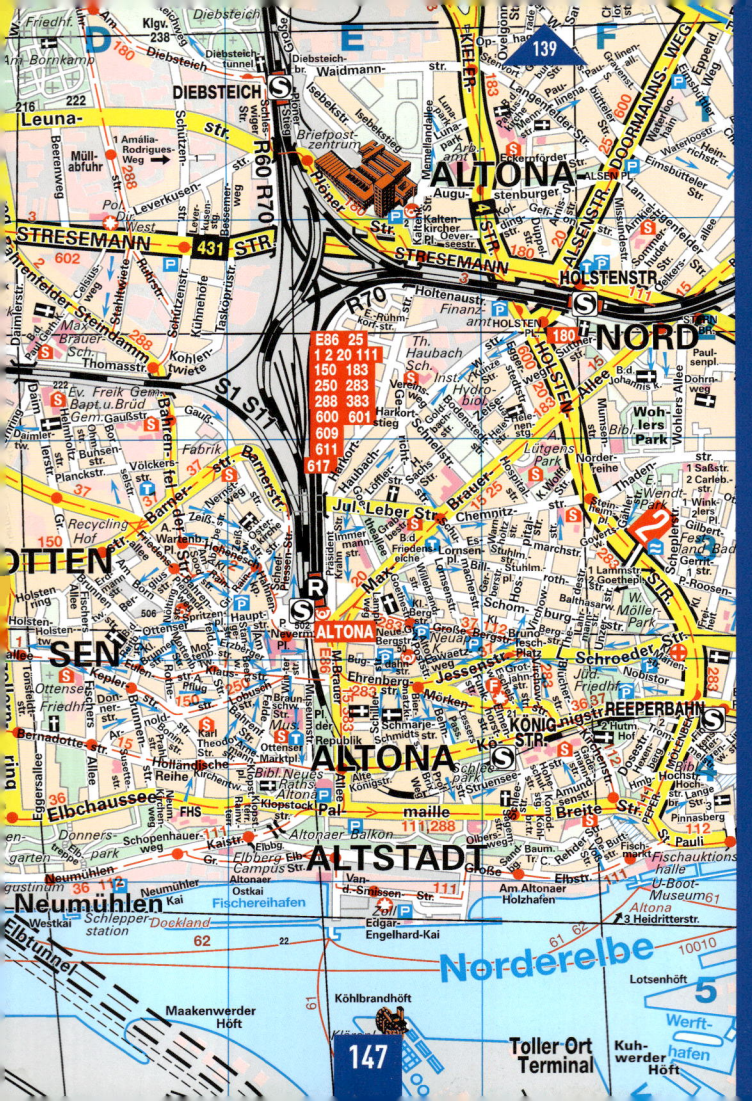

Das Register enthält eine Auswahl der im Cityatlas dargestellten Straßen und Plätze.

STRASSENREGISTER

> www.marcopolo.de/hamburg

STRASSENREGISTER

STRASSENREGISTER

ABC

Im Register finden Sie alle in diesem Reiseführer beschriebenen Sehenswürdigkeiten, Museen, Unterkünfte, Gaststätten, Einrichtungen und Ausflugsziele.

> *www.marcopolo.de/hamburg*

REGISTER

START IN DIE STADT

AM BESTEN MIT DER BAHN

Der Hauptbahnhof liegt mitten in der City, und mit dem Sparpreis-Ticket der Bahn fahren Sie bereits ab 29 Euro per ICE aus vielen deutschen Städten nach Hamburg. Weitere günstige Angebote, z.B. Freizeit- oder Ostsee-Ticket, Familien-Rabatt und mehr, finden Sie online auf der Website der Bahn *(www.bahn.de)*. Sparfüchse aufgepasst: Hamburg Tourismus bietet unter der Rubrik „Reisepakete" das Pauschalangebot „Bahnhit Hamburg" an. Hier ist bei der Buchung von mindestens drei Nächten in einem Hamburger Hotel nicht nur eine Hamburg Card, sondern auch die Bahnfahrt im ICE enthalten. Allerdings: Das Angebot gilt immer nur für bestimmte Zeiträume im Jahr – und die liegen nicht unbedingt stets in der Hauptsaison. *Weitere Infos unter www.hamburg-tourism.de | Tel. 30 05 17 01*

BILLIGFLÜGE

Wenn es von weiter her mal besonders schnell gehen muss, bleibt nur der Flieger. Hamburg wird von verschiedenen Billig-Airlines angesteuert, darunter Condor, easyJet, Tuifly, Ryanair u.a. *(Tel. 5 07 50 | www.airport. de)*, Tickets sind schon ab ca. 25 Euro zu haben. Günstig vom und zum großen Hamburger Airport fahren Sie mit der S 1 (direkt ab Terminal 1 und 2), eine Fahrt in die Innenstadt kostet 3,30 Euro und dauert ca. 20 Minuten. Das Taxi braucht eher

> **Viele Wege führen preiswert nach Hamburg, und man kommt gut und günstig quer durch die Stadt!**

Wow – was für ein Anblick! Egal auf welche Art Sie nach Hamburg reisen, der erste Eindruck ist meist überwältigend. Z.B. bei Anfahrt mit der Bahn aus Richtung Süden: Da geht es über die mächtigen Elbbrücken direkt an der HafenCity samt Hamburgs neuem Wahrzeichen, der Elbphilharmonie, vorbei, mit Blick auf die wunderschöne Skyline mit den markanten Kirchtürmen. Oder Sie kommen per Auto auf der A7 von Hannover und wollen den Elbtunnel durchqueren: Da sehen Sie Container, Schiffe und den Hafen, und wenn vorm großen Tunnel mal wieder Stau ist, haben Sie Zeit, alles in Ruhe zu bewundern. Einmal angekommen, werden Sie sehr schnell merken: Hamburg zu entdecken ist ein einfacher und oft preiswerter Spaß. Mit den knallroten Stadträdern z.B., den vielen Hafenfähren, per engmaschigem U-Bahn-Netz oder ganz einfach zu Fuß – die Innenstadt lässt sich per pedes genauso bequem erkunden wie Hafen, Alster- und Elbufer. Ideen für eine etwas ausgefallenere Tour gibt es viele, Hamburger, die Ihnen ihre Metropole aus einem anderen Blickwinkel zeigen können, sicherlich auch. Motto: Die Hansestadt hat 1001 schöne Ecken zum Entdecken – darum nix wie hin!

DIE BESTEN LOW BUDGET
INSIDER-TIPPS

terrasse den ganzen Tag lang beschienen *(S. 57)*

Insider Tipp **GOLDBEKUFER WOCHENMARKT** **[141 E2]**

Einer der besten Hamburger Wochenmärkte liegt direkt am Goldbekkanal. Neben Obst und Gemüse gibt es hier feine Tees als leckere – und preiswerte – Mitbringsel *(S. 71)*

Insider Tipp **HAMBURGS KLEINSTES KAUFHAUS** **[147 D3]**

Im trubeligen Ottensen bietet das kleinste Kaufhaus Hamburgs ein Sammelsurium aus feinen und kuriosen Dingen der 70er-Jahre. Die niedrigen Preise und nette Bedienung machen einfach Spaß *(S. 77)*

Insider Tipp **POOCA BAR** **[148 A4]**

Der kleine, kultige Laden auf der Feiermeile „Hamburger Berg" steht vor allem für regelmäßige Livemusik mit Eintrittspreisen unter 10 Euro, entspannte Menschen und faire Preise *(S. 89)*

Insider Tipp **ELBECAMP** **[144 A2]**

Hier macht das Campen Spaß: Sogar Hamburger zelten auf dem Platz am malerischen Falkensteiner Ufer, direkt am Elbe-Radweg, wenn die Stadtwohnung im Sommer zu heiß wird *(S. 100)*

Insider Tipp **ZOOLOGISCHES MUSEUM DER UNIVERSITÄT HAMBURG** **[140 B5]**

Auf dieser kostenlosen Reise ins tierische Wunderland gibt's ein Wiedersehen mit Walross Antje, dem ehemaligen NDR-Maskottchen, und eine beeindruckende Anzahl von weiteren zoologischen Präparaten in einer faszinierenden Ausstellung *(S. 120)*

TOP 10

> Dieser Band gibt jede Menge Tipps zum Sparen. Einige liegen unserem Autor besonders am Herzen und sind daher als Insider-Tipp markiert – die zehn besten finden Sie hier

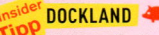 **HARRYS HAFENBASAR** [148 C5]
Hamburgs kuriosestes Museum! Hier entführen über Jahrzehnte angesammelte Seemannsschätze aus aller Welt im Bauch eines alten Schwimmkrans die Besucher in exotisch-maritime Welten *(S. 27)*

 **DOCKLAND** [147 E5]
Steigen Sie Hamburg aufs Dach – das spektakuläre Dockland-Haus, entworfen von Star-Architekt Hadi Teherani, bietet grandiosen Weitblick über Fischereihafen und Elbufer – komplett kostenfrei *(S. 38)*

DIE WILDE 13 [152 C3]
Erkunden Sie mit der Buslinie 13 den Stadtteil Wilhelmsburg, Europas größte bewohnte Flussinsel. Auf der Tour können Sie einen alten, zum Energietower umgebauten Flakbunker besichtigen *(S. 40)*

DUCKDALBEN [152 C3]
Inmitten des Hafengebiets liegt der Seemannsclub Duckdalben, die Anlaufstelle für Seeleute aus aller Welt. Die Bar ist für alle Besucher geöffnet und die Radtour dorthin ein kleines Abenteuer *(S. 45)*

MENSA IN DER HAFENCITY [149 E5]
Die Mensa der HafenCity-Universität hat eine Premiumlage am Baakenhafen. Scheint die Sonne, was in Hamburg gar nicht so selten ist, wie mancher vermutet, wird die Café-

INHALT

 CLEVER!
Sparfüchse aufgepasst! Mit diesen Tipps und Tricks können Sie zusätzlich Geld sparen oder etwas Besonderes erleben

 LUXUS LOW BUDGET
Edles echt günstig! Ob Hotel-Suite, Gourmet-Lunch oder Designer-Outfit. Gehen Sie mit uns auf Schnäppchenjagd

SYMBOLE:

 MARCO POLO INSIDER-TIPPS
Von unserem Autor Dirk Wilberg für Sie entdeckt

 KOSTENLOS
Hier zahlen Sie keinen Cent!

EDITORIAL

> **Liebe Leserin, lieber Leser,**

mit diesem Low-Budget-Führer können Sie Ihren Hamburg-Besuch so richtig genießen: jede Menge Spaß haben und gleichzeitig sparen, mit kleinem Geldbeutel großartige Dinge erleben, Schnäppchen machen und tolle Erfahrungen mit nach Hause nehmen. Die Metropole im Norden gehört sicher nicht zu den günstigsten Städten der Republik, bietet dem/der preisbewusst Reisenden aber dennoch zahlreiche Möglichkeiten, ohne großes Budget viel zu unternehmen. Es gibt gute Unterkünfte für kleines Geld, auch praktisch in Laufweite zu Hamburgs Attraktionen gelegen. Museen haben oft ermäßigten oder kostenlosen Eintritt, Sie können gratis Livemusik hören oder mit Ihrem U-Bahn-Ticket per Fähre den Hafen erkunden. Preiswerte Shopping-Adressen, Kinder-Freizeitvergnügen zum Nulltarif, die schönsten Blicke über die Stadt ohne Eintrittsgebühr, den guten und günstigen Mittagstisch und sogar einen Hauch Luxus für überschaubares Geld – all das gibt es in Hamburg und noch viel mehr.

Viel Spaß beim Entdecken!
wünscht Ihnen Ihr MARCO POLO Team

UNSER AUTOR

DIRK WILBERG, geboren an der Nordsee, aufgewachsen im wunderbar öden Münsterland, das Straßenabitur im Ruhrpott erworben, danach Vollblut-Wahl-Hamburger mit Ankertattoo und Bootsführerschein. Seit 2013 Gesicht und Leber des digitalen Stadtmagazins „Mit Vergnügen Hamburg". Nebenbei betreibt er noch eine Musikagentur, einen Online-Shop und eine Familie. Kontakt: dirk@kommerz-mit-herz.de.